Gerhard Hermes

DU KOMMST NACH HAUSE

*Unsere Seele ist wie ein Vogel
dem Netz des Jägers entkommen.
Das Netz ist zerrissen,
und wir sind frei.
Unsere Hilfe ist
im Namen des Herrn,
der Himmel und Erde erschaffen hat.*

Psalm 124, 7-8

Gerhard Hermes, wenige Monate vor seinem Tod

GERHARD HERMES

Du kommst nach Hause

Erfahrungen einer Pilgerschaft

Mit Zeichnungen des Verfassers

CHRISTIANA-VERLAG
STEIN AM RHEIN

Gerhard Hermes – Biographische Notizen

Geboren am 10. März 1909 in Hollich (eingemeindet in Habscheid), Kreis Prüm (heute Bitburg), Westeifel, Sohn des Michael Hermes, Stellmachermeister, und der Barbara, geborene Hochertz. Abitur am Kaiserin Augusta-Gymnasium in Koblenz. Am 19. März 1934 zum Priester geweiht; Primiz in Habscheid. Studien in Rom, Limburg, Bonn, Berlin. 1940 zur Wehrmacht eingezogen, Truppensanitäter an der Ostfront, zum Unteroffizier befördert, Sanitätsfeldwebel, EK II und I. Kriegsgefangenschaft 1944–1949. Am 8. Dezember 1949 Ankunft und erste Messe in Schönstatt. Lehnte weitere Universitätsstudien ab, weil er »endlich etwas tun wollte«. 1951 wurde er Redaktor der Zeitschrift »Rosenkranz«, 1970 gründete er im Einverständnis mit seinen Obern und seinem Bischof die Zeitschrift »Der Fels«. Am 10. März 1988 hat ihn Gott aus diesem Leben abberufen. Er wurde auf dem Friedhof der Pallottiner in Limburg beigesetzt.

Sämtliche Zeichnungen auf dem Umschlag und im Innern dieses Buches stammen von Gerhard Hermes.

1. Auflage 1988: 1.–10. Tausend
© CHRISTIANA-VERLAG
CH-8260 Stein am Rhein/Schweiz
Alle Verlags- und Bildrechte, auch das der Übersetzung in fremde Sprachen, vorbehalten.
Druck: Ernst Uhl GmbH & Co, Radolfzell/Bodensee
Printed in Germany

CIP-Titelaufnahme der Deutschen Bibliothek

Hermes, Gerhard
Du kommst nach Hause: Erfahrungen e. Pilgerschaft / Gerhard Hermes. Mit Zeichn. d. Verf. – 1. Aufl., 1.–10. Tsd. – Stein am Rhein: Christiana-Verl., 1988

ISBN 3-7171-0914-6

Inhalt

Und dann krähte der Hahn	9
Eine Kindheitserinnerung	
Du kommst nach Hause	15
Verwundetes Herz	25
Die verworfene Ikone	29
Wolodja	37
Erzählung aus Wolhynien (Polen)	
Der begrabene Christus	47
Eine Ostererzählung aus der Ukraine	
Das Zeichen	58
Das Liebesmahl in der Steppe	67
Gott schreibt gerade auch auf krummen Zeilen	77
Meine Freundin Halja	87
Meine Gertrud	94
In der Hand eines Kindes	102
In einer alten Mühle	107
Zwei Dutzend Novizen und eine Braut	120
Die Zwangsvollstreckung	125
Ein Kind betet zum hl. Nikolaus	
Die Frau von der Thaya	131
Vorsicht! Minen!	136
Das Kunstwerk Gottes	139
Die Insel der Seligen	151
Im Angesicht des Todes	175
Pater Hermes' letzte Zeilen	
Pro memoria Gerhard Hermes SAC	177
von Prof. Dr. Heinrich M. Köster SAC	
Anmerkungen	183

Vertrauen

Ich vertraue darauf, Herr,
daß ich wieder nach Hause komme,
wenn ich mich am Morgen auf den Weg mache.

Manchmal weiß ich nicht um mein Ziel.
Du, Herr, weißt es; Du kennst es,
noch ehe ich mich auf den Weg gemacht habe.

Ich vertraue auf Dich auf allen Wegen, die ich gehe,
auf den Wegen meiner Füße,
auf den dunklen Wegen des Herzens,
den zwielichtigen Wegen des Geistes.

Ruhig lege ich mich am Abend schlafen,
wenn ich auch keine Gewißheit habe,
daß ich wieder aufwache.
Ich vertraue Dir, Herr, ich vertraue blindlings,
daß du mich wieder wecken wirst
in dein Licht, in den Atem deines Lebens.

So will ich mich auch zum letzten Schlaf niederlegen
im Vertrauen darauf,
daß Du mich wecken wirst in den ewigen Morgen.
Du, Gott, wirst die Sonne sein,
die meine Pfade erhellt in dem fremden Land,
ewige Sonne, die niemals untergeht.
      Otto Gillen (1899–1986)

Vorwort des Verlegers

Gerhard Hermes war nicht nur ein feinsinniger Schriftsteller, sondern auch, wie der Leser leicht feststellen wird, ein talentierter Zeichner. Als ich den Verfasser von dieser Seite kennenlernte, stand für mich fest – auch gegen gewisse Bedenken des Autors –, daß eine Auswahl seiner Porträts zusammen mit den Geschichten erscheinen müsse – wird man doch kaum ein ähnlich kongeniales Bildwerk dazu finden; kongenial freilich nicht im Sinn einer eng an den Text gebundenen Illustration, sondern als eine Art Begleitmelodie, als ein gezeichneter Kontrapunkt zu den beschriebenen Erlebnissen. Es scheint mir von großer Bedeutung zu sein, daß beide, Berichte und Bilder, ihren Wurzelgrund in der gleichen Landschaft haben, vor allem in der Westukraine, die Gerhard Hermes im Zweiten Weltkrieg eingehend kennenlernte, genauer ausgedrückt in Galizien (Ruthenien), einem Gebiet, das viele Jahre politisch zu Österreich und kirchlich zu der mit Rom unierten ukrainischen Kirche gehörte und von beiden Seiten her nicht wenig Gutes bewahrt hat. Die Porträts entstanden hinter der Front oder auch in den Gefechtspausen bis zum 23. Juli 1944, an welchem Tag der Truppensanitäter Gerhard Hermes in Kriegsgefangenschaft geriet (seine Kriegsgefangenschaft dauerte bis zum 8. Dezember 1949). In jenen Tagen verhalf ihm seine Kunst, wie wir erfuhren, immerhin zu manchem Stück Brot. Wir sind uns sicher, daß beide »Seiten« dieses Buches den Leser mit schmackhaftem und gesundem Brot des Geistes beschenken werden.

Gerhard Hermes, der so stark mit Rußland und der Ukraine verbunden war, durfte die Tausendjahrfeier ihrer Christianisierung noch erleben. Wenige Tage vor seinem Tod (6. Februar 1988), am 25. Januar 1988, schrieb Papst Johannes Paul II. in seinem Apostolischen Schreiben »Euntes in mundum« zur Tausendjahrfeier der Taufe der Rus' von Kiew:

»Von den Gräbern der heiligen Apostel Petrus und Paulus in Rom möchte die katholische Kirche dem einen und dreifaltigen Gott ihre tiefe Dankbarkeit dafür bekunden, daß diese Worte des Erlösers vor eintausend Jahren an den Ufern des Dnjepr in Erfüllung gegangen sind, in Kiew, der Hauptstadt der Rus', deren Bewohner – nach dem Beispiel der Fürstin Olga und des Fürsten Wladimir – durch das Sakrament der Taufe in Christus »eingepflanzt« worden sind. Durch den Dienst der Kirche, der in der Taufe zu Kiew begonnen hat, ist dieses Erbe über den Ural hinaus zu vielen Völkern Nordasiens vorgedrungen, ja bis an die Küsten des Pazifiks und noch weiter darüber hinaus. In der Tat, bis an die Enden der Erde ist ihre Stimme gedrungen« (vgl. Ps 19, 5; Röm 10, 18).

Als Pater Hermes 1970 die Zeitschrift »Der Fels« herauszugeben begann, schrieb er die programmatischen Worte – und diese gelten auch für die Perlen seines Schaffens, seine Erzählungen, die wir hier in diesem Band zusammengetragen haben:

»Im Namen Gottes des Dreieinen beginnen wir dieses Werk, das uns aufgetragen ist. Unter Seinen Segen stellen wir jedes Wort, das wir schreiben. Möge Er, darum bitten wir, es lebendig machen und fruchtbar zu Glauben, Hoffen und Lieben.«

Bei der Lektüre dieses Buches spüren wir, daß Gott diese Bitte seines Dieners erhört hat. Hier spüren wir etwas von der Segenskraft des göttlichen Wortes, das Fleisch geworden ist – auch in den weiten Ebenen Rußlands beim Rückzug der deutschen Truppen. In diesen Zeilen ist ein Schatz verborgen, der die Zeiten überdauern wird.   *Arnold Guillet*

Und dann krähte der Hahn
Eine Kindheitserinnerung

Als Dorfjunge hat man sein Verhältnis zu den Tieren, zu allem, was da kreucht und fleucht, und es ist nicht immer vorwiegend romantisch. Wohl sah ich sehnsüchtig den Stoßvögeln nach, die stolz über dem Tale kreisten, wohl entzückte mich das abendliche Springen der Forellen im Bachweiher, aber kein Habicht- oder Rabennest war vor mir sicher, trotz aller Verzweiflung meiner Mutter, und von den schöngepunkteten glatten Fischleibern landeten nicht wenige in der Pfanne. Katzen waren von klein auf die bevorzugten Spielgefährten, launenhaft und selbstherrlich wie sie waren, während die Hunde – nun, Hunde waren eben Hunde, ich mochte sie nicht. Zur offenen Feindschaft wurde meine Abneigung, als einer heimtückisch nach meiner Wade schnappte; seither war mir immer ein Stein zur Hand, wirklich oder vorgetäuscht, um den Kötern Respekt beizubringen, was mir auch binnen weniger Wochen gelang. Mit Kühen, Kälbern und Schweinen hatte ich als Hütejunge berufshalber zu tun, und gewisse harte Maßnahmen gingen hier einfach auf das Konto Erziehung.

Ein Kapitel für sich waren die Hähne. Diese prächtigen, kronen-, sporen- und kokardengeschmückten Würdenträger hatten zwar keinerlei körperliche Mißhelligkeiten von mir zu befürchten, aber die sozusagen seelische Kränkung, die sie nicht selten hinnehmen mußten, war vermutlich bitter genug. Sie bestand in folgendem: Merkte ich rechtzeitig, daß sich einer der gravitätischen Herren auf dem Zaunpfahl oder dem höchsten Gipfel des Misthaufens flügelschlagend in Positur brachte, um in sein Horn zu stoßen, so schlich ich mich möglichst nahe heran und klatschte, sobald die erste Note erklang, kräftig in die Hände. Das hatte in der Regel eine ergötzliche Wirkung: Der aufgeschreckte Hüter der öffentlichen Ordnung flatterte augenblicks herunter, ohne jedoch seiner Amtspflicht zu vergessen; denn auch die restlichen Silben seines Kantus brachte er zu Gehör, wenngleich er – verständlich! – die Tonart wechselte: von seinem uralten Choraltonus zu einem sehr modernen Glissando, indem die Stimme immer tiefer sank und schließlich mit dem Sänger den Boden erreichte. Hier folgte ein kurzes, empörtes Staccato, und dann stelzte der Hahn, in seiner Würde sichtlich gekränkt, aber keineswegs gebrochen, mit betont hoheitsvollen Schritten zu seinem Hühnervolk zurück.

Der ganze Vorgang gewährte mir stets ein inniges Vergnügen. Aber als mich eines Tages mein Vater dabei erwischte, verwies er mir mein Benehmen, wenn auch nicht ohne Schmunzeln. »Du darfst den Hahn nicht stören«, sagte er, »der Hahn *muß* krähen, das ist sein Amt. Das hat er von unserm Herrgott bekommen.« Und auf mein Fragen erklärte er weiter: »Das ist so, seit der Apostel Petrus unsern lieben Herrn verleugnet hat. Damals krähte der Hahn, und seither muß er jedesmal krähen, wenn einer seinen Herrgott verleugnet.« Das müsse dann aber sehr oft vorkommen, verwunderte ich mich; allein in Hollnich krähten ja die Hähne wohl hundert- oder gar tausendmal am Tag. »Junge, wenn du erst einmal in die Welt hinauskommst, da wirst du schon sehen, wie oft es vorkommt. Manche Menschen verleugnen ihn ihr ganzes Leben lang.«

Das wollte mir damals nicht recht in den Kopf, zumal

ich in kindlicher Unschuld die großen Leute alle – nun ja, zwei, drei Ausnahmen gab es – für sehr tugendhaft hielt. Nicht lange danach aber erfuhr ich mit Schrecken, wie es um die Tugend der Menschen bestellt ist, und die Erfahrung war um so bitterer, als ich sie an mir selber machen mußte. Damals auch nahmen die Hähne Rache an mir, und zwar in einer Lage, die der des heiligen Petrus nicht unähnlich war.

Es war ein paar Wochen vor Ostern. Der Winter richtete sich damals – ich ging eben ins vierzehnte Jahr – nicht nach dem Kalender, und wir Dorfbuben konnten seine Freuden bis zur Neige auskosten. An einem Samstag tummelten wir uns – wir waren fünf oder sechs – auf der Hofwiese eines Nachbarn, die, zur Talsohle abfallend, ein brauchbares Schlittengelände abgab. Wir fuhren sitzend und liegend und stehend, einzeln und als Bandwurm, und versuchten uns in allen Künsten: es war ein Paradies unbekümmerter Lebensfreude. Bis auch in dieses Paradies die Schlange einbrach, oder gleich zwei, in Gestalt des Hoferben und eines Knechts, der bei einem anderen Bauern im Dienst stand. Beide hatten nichts anderes im Sinn, als uns die Freude zu verderben, und sie bewerkstelligten das auf alle erdenkliche Weise: Sie rammten uns von der Seite her, schnitten uns die Zugseile ab, warfen einen Pfahl vor den Schlitten in voller Fahrt, den Schlitten selber in den Bach, und trieben derlei Scherze mehr. Vor allem empörte es mich, daß der jüngste Sohn unseres Nachbarn, mein guter Freund, von seinem Bruder zum bevorzugten Gegenstand seiner Quälereien gemacht wurde; es empörte mich im Innersten. Aber beizukommen war den grobschlächtigen Lümmeln in keiner Weise. So kamen wir überein, uns auf einen höhergelegenen Pferch zu verziehen, nicht ohne in gerechtem Zorn ingrimmige Rache zu schwören.

Wir mußten dabei die Dorfstraße überqueren, an einem uralten Steinkreuz vorbei. Nach unserer Gewohnheit lupften wir die Mützen. Irgendwie machte mich der Anblick des Gekreuzigten betroffen, aber ehe sich mein Herz zu lichteren Gefühlen aufschwingen konnte, verfinsterte es sich vollends, weil die beiden Argwilligen uns folgten, ohne Frage in der Absicht, auch auf der neuen Abfahrt ihre Quälereien fortzusetzen. Und schon begannen sie damit, indem sie meinem Freund den Schlitten wegnahmen, um sich selbst darauf zu vergnügen.

Das brachte meinen Zorn zum Sieden. Und plötzlich zuckte mir ein Gedanke durch den Kopf, durch den meine Rachepläne greifbare Gestalt gewannen. Wir hatten, um die Bahn freizubekommen, den Zaun öffnen müssen, der sich gerade unter einer steilen Böschung befand, und also den Stacheldraht am Eckpfahl gelöst und beiseite gebogen. Spann den Draht zurück, zischte mir nun eine Stimme gebieterisch zu, und schon hatte ich, während die beiden oben zur Abfahrt ansetzten, wie unter hypnotischem Zwang die tückische Schlinge gelegt, in der sie sich unweigerlich fangen mußten.

Als ich dann, meinen Schlitten hinter mir herziehend, mit großen Sprüngen das Weite suchte, überlief es mich auf einmal siedendheiß: Wenn ihnen der Draht nun den Kopf herunterreißt! Und wie ich's denke, erhebt sich hinter mir Lärmen und Geschrei, nicht anders als die Posaunen des Jüngsten Tags, und mich umwendend, erblickte ich einen Knäuel sich wälzender Gestalten. Und da ich wieder zur Flucht ansetze, fällt mein Blick gerade in das verwitterte Antlitz des Gekreuzigten auf dem alten Steinbild. Mein Herz tut einen dröhnenden Schlag, eine Welt stürzt tosend in sich zusammen – die Welt meiner Kindheit.

Und dann krähte der Hahn.

Gerade als ich auf meiner Flucht in unsern Hof einbog, dreißig Schritte vor meinen Verfolgern, geschah es. Daß sie mir nachkamen, hatte ich mit nicht geringer Erleichterung festgestelllt: ihre Köpfe saßen also noch auf den Schultern. Aber als nun der Hahn krähte, triumphierend wie nie zuvor, und ich dann, sichernd an die Haustür gelehnt, in das zerkratzte und blutverschmierte Gesicht des Knechtes starrte, kam ich mir nicht anders vor als wohl der heilige Petrus in jener Stunde, da der Herr sich nach ihm umwandte und der Hahn zum zweiten Mal krähte.

Die beiden nun, selber wohl froh, noch so glimpflich davongekommen zu sein, sicher auch aus Respekt vor den Fäusten meines Bruders, taten mir an jenem Abend nichts, sondern trotteten unter Drohungen davon. Drinnen in der Stube allerdings gab es eine sehr peinliche Vernehmung, und am nächsten Tag nach dem Hochamt – ich war nicht feige genug, den Burschen aus dem Weg zu gehen – wurde die Rechnung mit ein paar kräftigen Fußtritten beglichen.

Nicht so schnell war die Sache mit dem Herrgott abgetan, und in jenen Wochen habe ich den Kreuzweg ganz anders gebetet als bis dahin. Noch lange hörte ich, wenn ein Hahn krähte, einen gewissen Unterton heraus, und keinen habe ich jemals wieder gestört, wenn er seinen Wächter- und Warnruf vernehmen ließ.

Seitdem sind nun über fünfzig Jahre vergangen, und ich bin mehr, als mein Vater damals ahnen konnte, in der Welt herumgekommen. Und häufiger, als ich erwarten konnte, habe ich Menschen kennengelernt, die unseren Herrn nicht nur verleugneten, sondern sich auch, als hätten sie ihr Gewissen in Drachenblut gebadet, durch keinen noch so gellenden Hahnenruf zur Umkehr wecken ließen. Sei Gott ihnen gnädig! Daß aber wir armen Sünder immer besser die Zeichen erkennen, die Er in seiner Güte überall aufgestellt hat, und immer feinhöriger werden für die leise Stimme im Herzen, daß in der Stunde der Versuchung stets das blutüberströmte Antlitz vor uns aufleuchte, mahnend, richtend, verzeihend, und daß wir es allezeit bekennen vor dem Teufel und vor der Welt, das gewähre uns in seiner Barmherzigkeit der Herr!

Du kommst nach Hause

Liegt jenes blitzartige Erlebnis wirklich schon Dutzende von Jahren zurück? Wie kann da die Erinnerung noch so lebendig und glühend sein, als wäre alles erst gestern geschehen? Doch das Datum ist nicht auszulöschen – es war der Dezember des Kriegsjahres 1941, und unsere Weihnacht, die der Aufklärungsabteilung 120, fiel mitten in die Rückzugsgefechte der Deutschen Wehrmacht zwischen Tula und Orel in der Nähe von Moskau.

Das äußere Geschehen, so vielfältig und immer überraschend, drei, vier Wochen lang jede Stunde anders – nein, es ist aussichtslos, das auf ein paar Seiten anschaulich wiedergeben zu wollen. Aber vielleicht ein paar Wendungen, ein paar Knoten des Geschehens, ein paar Lichter, die dennoch über dem nie auslassenden Grauen jener Tage aufgingen – vielleicht kann ich darin etwas von dem mitteilen, was mir damals geschenkt wurde zu Weihnachten 1941, zum Fest der Menschwerdung unseres Gottes.

Ja, ein Licht war auch die Erkenntnis, daß sich hier ein von menschlicher Hybris heraufbeschworenes Schicksal zu vollenden begann, Vorspiel der Niederlage, die ein paar Jahre später ein Volk ins Chaos riß, als solches Vorspiel von mir mit Gewißheit empfunden. Es war etwas vom Schrecken des anhebenden Gerichtes in jenem überstürzten Rückzug von Rjasan bis an die Oka – wie anders wollte ich mir sonst die militärisch gar nicht begründete Panik erklären, die auch beherzte Männer ergriff und kopflos machte! Wie oft kamen mir in jenen Tagen die Verse aus dem alten Lesebuch in den Sinn, die sich auf die Tragödie von 1812 bezogen: »Mit Mann und Roß und Wagen hat sie der Herr geschlagen« – und ich empfand Genugtuung über den ehernen Gang der Gerechtigkeit, die nicht ungestraft herausgefordert wird. Fragen an Gott zu stellen, sah ich keinen Grund: ein Volk muß büßen für seine Schuld. Und wenn du selber zwischen die Mühlsteine geraten bist, wieso willst du dich aufwerfen, als ginge das alles dich nichts an! Nein, grundsätzliche Probleme gab es nicht, und das half ein wenig, dem Drohenden mit Fassung entgegenzusehen. Aber das löschte Leben und Lebenswillen nicht aus, der sich nie stärker meldet als eben unter der Bedrohung.

Wer nie eine äußerste Anspannung aller seelischen und körperlichen Kräfte über lange Zeit durchhalten mußte, der kann es nicht nachfühlen und nicht nachdenken, welch furchtbare Müdigkeit uns nach so vielen Stunden und Tagen des Marsches durch kniehohen Schnee bei bitterer Kälte und kümmerlicher Ernährung überfiel und gebunden hielt, eine schmerzende Müdigkeit, die alle Gelenke knarren läßt und dir die beladenen Schultern abzubrechen scheint, eine betäubende Müdigkeit, die nichts verlangt als schlafen, schlafen – aber der Tod marschiert hinter dir her und kann dich jeden Augenblick aus der Erdschrunde, aus einem harmlosen Gebüsch anspringen. Weiter, nur weiter! – noch ist der Lebenswille eines Dreißigjährigen nicht gänzlich zermalmt.

Und doch geschahen an unserm Weg Dinge, so schrecklich, daß ich mich manchmal über dem Wort des zu Tode müden Propheten ertappte: »Genug, Herr, es ist genug! Nimm hin mein Leben!« Es gab die Feigheit mancher Offiziere, die ihre Leute im Stich ließen, um die eigene Haut zu retten; es gab diese unsinnigen, von nackter Todesangst diktierten Befehle, die so vielen Kameraden das Leben kosteten; es gab die überhauf erschossenen Gefangenen; es gab vor allem den Wahnsinnsbefehl von ganz oben, das aufgegebene Gebiet nur als »verbrannte Erde« zurückzulassen.

Und so ließen wir es uns denn z. B. gefallen, in den warmen Katen eines eingeschneiten Dörfleins, daß uns die geängstigten, weinenden Menschen aus ihrem Mangel das Beste vorsetzten, was sie noch hatten, und wir schlangen es herunter mit dem schlechtesten Gewissen von der Welt, bis etwa ein Kind hereinstürzte mit dem gellenden Schrei: »Mámin'ka, fsjo garit – alles brennt!« und gleich darauf die harte Stimme eines Unterführers uns anrief: »Raus! Wir müssen anzünden!« Und ein ganzes Dorf, einzige Zuflucht der Armen im härtesten Winter, wirbelte in die Luft.

Nun muß ich sagen, daß niemand von mir verlangt hat, bei diesem Verbrechen mit Hand anzulegen; ich konnte sogar ein paar Häuser retten, indem ich, angelegentlichst mit meinen Verletzten und Kranken beschäftigt, die Kommandos weiterschickte: »Geht zu, wir machen das nachher schon selber!« Aber diese Schreie der Verzweiflung, dieses noch schlimmere lautlose Weinen, diese im Entsetzen gefrorenen Blicke – ich wurde sie nicht mehr los. Was nützte es, daß ich mir die Hände nicht schmutzig zu machen brauchte – trug ich nicht die Last der anderen mit auf meinem Gewissen, und waren sie, die dem schrecklichen Befehl gehorchen mußten, nicht viel ärmer und schlimmer daran als ich? »Genug, Herr, es ist genug! Nimm hin mein Leben!«

Er wollte es nicht, noch nicht. Und ließ mir ein Licht aufgehen, inwendig, das stärker war als die von Grauen durchwogte Finsternis jener Tage.

Der 18. Dezember war, nach grau verhangenen, ein ausnehmend schöner Tag. Seit dem frühen Morgen ging mir immer wieder die O-Antiphon »O Adonai et dux domus Israel« durch den Kopf, die für eben diesen Tag galt, und darum weiß ich auch das Datum noch. Am späten Nachmittag machten wir im Windschatten eines mit krüppeligem Unterholz bewachsenen Hanges eine Rastpause – wir, das heißt die Reste der stolzen Aufklärungsabteilung 120, von drei Schwadronen noch eben 70 Mann. Eine kleine Baumgruppe jenseits der flachen Talmulde, offenbar ein junger Kiefernbestand, fiel mir auf, und nachdem ich, der einzige übriggebliebene Sanitäter, die dringenden Fälle versorgt hatte, meldete ich mich bei Oberleutnant Lange: ich wolle mir ein Bäumchen drüben holen, man könne ja nicht wissen, ob bis Weihnachten sowas noch aufzutreiben sei. Er sah mich an, offenbar etwas überrascht, und zuckte die Achseln: »Von mir aus! Sehen Sie zu, daß Sie nicht steckenbleiben!«

Ich hatte Glück: der in der Mulde hoch zusammengewehte Schnee war verharscht und trug, sonst hätte mir die Strecke von etwa einem Kilometer wohl zuviel abverlangt. Und während ich vorsichtig dahinschlurfte, um nicht doch noch einzubrechen, summte ich wieder und wieder die uralte Antiphon vor mich hin, die auf deutsch so lautet: »O Adonai, Führer des Hauses Israel, der du Moses in der Flamme des brennenden Dornbusches erschienen bist und ihm auf Sinai das Gesetz übergeben hast, komm doch, strecke deinen Arm aus und erlöse uns!« Erlöse uns – man wird unschwer erraten, was die Bitte in jener Situation für mich bedeutete: die brennende Sehnsucht heimzukommen – im irdischen und jedenfalls im ewigen Sinn. »Veni ad liberandum nos, jam noli tardare! / Komm uns zu befreien und zögere nicht!« – Und dann geschah es. Es fiel mir zunächst gar nicht auf, da ich auf jeden Schritt achten mußte, aber dann konnte ich es nicht mehr übersehen: der Schnee hatte eine kräftig-rote Farbe angenommen, und als ich mich umwandte, sah ich die ganze westliche Himmelshälfte bis hoch hinauf zum Zenith bedeckt mit Wolken im wunderbarsten Rot, Schäfchenwolken, wie zu Perlenschnüren nebeneinander aufgereiht über blauer Seide. Und im gleichen Augenblick, bevor mich die ungeheure Pracht niederwarf, hörte ich eine Stimme, ein Wort – nicht gesprochen, nicht geflüstert, aber tönend wie eine Glocke weither und zugleich tief innen wie eine mütterliche Liebkosung: »*Du kommst nach Hause!*« – ein Wort der Macht, das nicht den geringsten Zweifel duldete und einen überglücklichen Menschen in den Schnee sinken ließ ... in igne flammae rubi ...[1]

Das Bäumchen habe ich dann geschlagen und auf einem der drei Panjeschlitten[2] verstaut, die wir da noch mitführten. Bis wir aber die Oka und den Weihnachtstag erreichten, waren Pferd und Schlitten und Bäumchen längst abhanden.

Kein Wunder bei dem, was uns noch bevorstand und bei dem kopflosen Durcheinander des überstürzten Rückzugs. Das Fehlen einer überlegten Führung brachte es mit sich, daß wir ausgerechnet am Heiligabend – wir waren unser fünf – von der Truppe abgehängt wurden und uns den Weg selber suchen mußten, mehr oder weniger aufs Geratewohl, in einer Finsternis ohne Mond und Stern. Eine erzwungene Pause nach Mitternacht – es hatte einfach keinen Sinn mehr, noch weiterzugehen – brachte mir die Zeit, dem Geheimnis des Stalles von Bethlehem nachzudenken; ich glaube, ich bin ihm innerlich nie so nahe gewesen wie bei dieser dreistündigen Nachtwache auf dem Felde. Ein brennendes Dorf ließ uns schließlich im Morgengrauen den Rückmarschweg der Division finden. Und der Weihnachtsmorgen ging auf in unbeschreiblicher Schönheit, mit Rauhreif und funkelnden Blitzen – in einer beinahe schmerzenden Schönheit und Reinheit. Dann wieder ein brennendes Dorf – furchtbarer Kontrast. Ein Stück Bauernbrot auf dem Weg – ich versuche, daran zu knabbern. Unmöglich, es ist steinhart gefroren. Am Abend erreichen wir die Oka, finden die Schwadron und den Gefechtsstand, etwa zwei Kilometer hinter dem Flüßchen. Oberleutnant Lange weist uns ein in die Quartiere: ein Dörflein am Ufer der Oka mit sieben Hütten – und in die Stellungen: elf Bunker, von Pionieren in aller Eile gebaut. Die Pioniere knurren, als sie zusammenrücken müssen. Sie denken nicht daran, zwischen Bergen von Paketen sitzend, uns Ausgehungerten etwas mitzugeben. Ich wende mich an einen von ihnen: »Kamerad, vielleicht gibst du mir ein Plätzchen mit, damit ich ein bißchen Weihnachten schmecke!« – und tatsächlich, er gibt mir *ein* Plätzchen. Todmüde fallen wir um in einen traumlosen Schlaf.

Am nächsten Morgen – Stephanstag – werde ich zum Chef befohlen. Oberleutnant Lange, der sich im Exerzier- und Kasernendienst heraufdienen mußte, hat eine Idee: in jedem der elf Bunker hat eine in Schönschrift ausgefertigte Meldung zu hängen (und schön eingerahmt!), mit 12 Punkten, die der jeweilige Wachhabende anläßlich höheren Besuchs herunterzurasseln hat. Kein Einwand nützt etwas: »Heute abend punkt 18 Uhr sehe ich das erste Exemplar auf meinem Gefechtsstand!« Ich wende mich an den Leutnant, der unsern Abschnitt befehligt: »Was machen wir also?« – »Gar nichts machen wir, das ist ja der helle Wahnsinn!« Und dann sagt mir der Sohn eines evangelischen Pfarrers: »Sehen Sie sich lieber um, daß Sie irgend etwas für eine Feier heute abend zusammenrichten – die

Männer haben ja noch gar nichts von Weihnachten gehabt!«

Die Feier kam zustande, abends, in der größten Stube des Dorfes, um ein Kiefernbäumchen, das ich von draußen herbeigeholt und mit Papierschnippeln behängt hatte. Sogar ein paar Lichtstummel hatte ich zusammengebracht. Dichtgedrängt standen die Landser. Der Leutnant, dessen Name ich leider vergessen habe, gab eine prächtige Einführung. Wir sangen Weihnachtslieder, und dann versuchte ich, die Kameraden aus der bitteren Wirklichkeit an das – nicht nur fröhliche – Geheimnis von Weihnachten heranzuführen – Tränen blinkten in vielen Augen. Gegen Schluß meiner Ansprache gab es hinten im Raum eine Bewegung. Die Erklärung dazu gab mir nachher der Leutnant, der sich bedankte und mir mitteilte, daß eben vorhin ein Melder von Oberleutnant Lange da gewesen sei mit folgendem Auftrag: »1. Wo bleibt das befohlene Exemplar des Bunkerpapiers? 2. Hermes soll sich unverzüglich am Gefechtsstand melden!« Und dann: »Wissen Sie, was ich habe ausrichten lassen? Hermes kommt nicht, und für den Unsinn hatten wir noch keine Zeit!« – »Bravo, Herr Leutnant, das war ein Manneswort!«

So gingen Ernst und Posse durcheinander, wie in einem richtigen alten Krippenspiel!

Natürlich überwog der Ernst, der blutige Ernst, und darin der Aufruf zur Entscheidung. Manche fand er als erbärmliche Feiglinge, andere aber auch als Helden in einem ganz unpathetischen Sinn, mit schlichter Fügung in das Notwendige, ja, ein paarmal in wirklicher Aufopferung. Und hier muß ich – es gehört zu jener Weihnacht 1941 dazu – einen Vorfall berichten, in dem ich gleichermaßen den Schutz der Engel spürte und einen Anstoß, der mich heute noch nicht zur Ruhe kommen läßt.

Ich hatte Oberleutnant Lange unter anderm vorgehalten, es könne dem Russen nur recht sein, wenn er in den Bunkern die geschriebenen Meldungen fände (die z.B. Aufschluß über alle vorhandenen Waffen gaben), aber er ließ sich nicht überzeugen. »Hier kommt der Russe nicht hin, hier bleiben wir! Führerbefehl!« Der Führerbefehl nützte nichts: schon am nächsten Morgen bewegte sich etwas an der zugefrorenen Oka, und gegen Mittag wurden wir aus unserer Stellung hinausgeworfen, die angeblich unhaltbar geworden war, weil sich das links neben uns liegende Bataillon zurückgezogen hatte.

Ausfälle gab es kaum, so eilig ging der Rückzug vonstatten; aber als ich mich am obersten Gehöft soeben mit den letzten Männern absetzen wollte, schleppte sich schreiend ein Verwundeter herbei, voller Splitterwunden vom Kopf bis zu den Füßen – eine Handgranate war unmittelbar vor ihm geplatzt. Die Verletzungen waren im einzelnen wohl nicht lebensgefährlich, aber der Blutverlust so stark, daß ich unbedingt ein paar Verbände anlegen mußte. Zwei Männer von der Pak[3] hielten bei mir aus. Während wir in einem Schuppen in höchster Eile das Nötige taten, rannte der Leutnant vom Pionierzug vorbei: »Lassen Sie den Mann liegen, die Russen sind schon im nächsten Haus!« Wir ließen ihn nicht liegen – noch ein paar Handgriffe, dann schleiften wir den Stöhnenden, seine Arme über unsere Nacken gelegt, hinaus aufs freie Feld, wo die letzten Verteidiger schon einen beträchtlichen Vorsprung hatten. Der vierte Mann ging voraus, um uns im fast hüfthohen Schnee einen Weg zu bahnen, so gut es ging. Wir hatten vielleicht 100 Meter zurückgelegt, da erhielten wir vom Ort her Feuer, offenbar aus zwei Gewehren. Kugeln pfiffen an uns vorbei, zischten neben uns in den Schnee. Nochmals 50 Meter weiter querte eine von den tiefen Rinnen, die in dem Hügelland den Lößboden durchziehen, unsern Weg. Nun ist es geschafft, dachte ich, als wir uns hintergleiten ließen; nun können wir dem Graben eine Zeitlang folgen, bis wir außer Schußweite sind. Gefehlt! Der Schnee lag auf der Sohle so hoch, daß einfach kein Vorankommen war. Wir mußten uns auf der anderen Seite wieder hocharbeiten – und wieder Zielscheibe abgeben – die Schützen müssen nicht die besten gewesen sein. Nach einigen Schritten ließ ich mich ablösen: »Karl, übernimm du mal den armen Kerl, ich hab einfach keine Puste mehr!«

Karl Becker war einer von dem halben Dutzend Männer von der Pak, die mir von den ersten Tagen an mit einer, ich muß schon sagen, rührenden Treue zugetan waren, nicht zuletzt deswegen, weil ich Priester war – schlichte, gläubige Menschen, die fast alle aus der südlichen Eifel stammten. Ich konnte mich unbedingt auf sie verlassen, wenn ich allein nicht fertig wurde. Karl, ein stiller, umsichtiger Mensch, war der Älteste von einer großen Geschwisterschar, damals etwas über zwanzig Jahre. Er hätte, genau so gut wie andere, sich davonmachen und mich mit dem Verwundeten allein lassen können, aber er blieb.

Dieser Karl Becker also löst mich ab und tritt an meine Stelle. Aber kaum haben wir ein paar Schritte zurückgelegt, da gibt es einen Schrei hinter mir, und wie ich mich umwende, sehe ich nur einen Knäuel gestürzter Gestalten im Schnee. Der Verwundete schreit: »Mich hat's nochmal erwischt, am Arm!« Karl Becker liegt still und rührt sich nicht; Blut sickert aus seinem Nacken. Die Kugel, die den Oberarm des anderen durchschlagen hatte, war zugleich seine Todeskugel. Ich gab ihm die Absolution und konnte ihm dann nur noch die Augen zudrücken. An Mitnehmen war nicht zu denken. Aber eigentümlich – als wäre es auf diese eine Kugel angekommen: es fiel kein Schuß mehr.

Etwas später zeigte sich oben am Horizont ein Mann mit einem Schlitten; wir winkten ihn herbei und brachten den Verwundeten zur Schwadron im nächsten Ort, wo ich ihn mit anderen ordentlich versorgen und zum Hauptverbandsplatz schicken konnte. Die bald danach geborgene Leiche Karls haben wir noch drei Tage mitgeführt, bis wir endlich die Zeit fanden, ihm in dem hartgefrorenen Boden ein Grab auszuheben.

Das also war, ganz nüchtern berichtet, das Geschehen dieses Tages, das äußere Geschehen. Was mir innerlich zustieß, läßt sich kaum mitteilen; ich mache auch gar keinen Versuch dazu. Die letzte Stunde mit Karl war nicht die einzige Erfahrung eines besonderen Schutzes in diesem Dezember 1941 – neben den ständigen »normalen« Gefährdungen gab es mindestens noch zwei Fälle, die für mich genauso bedenklich und für die anderen Beteiligten ebenso tragisch verliefen wie dieser und mir fast ein Gefühl der Unverwundbarkeit gaben. Aber kein Vorfall und keine andere Gestalt hat sich mir so nachhaltig eingeprägt. Immer noch fühle ich mich in der Schuld dieses schlichten jungen Mannes, der in der entscheidenden Sekunde an meine Stelle trat, und das, so bin ich überzeugt, in geheimnisvoller Verbindung mit Dem, dessen ganzes Leben und Sterben Stellvertretung für uns Sünder war. Was aber habe ich aus den geschenkten Jahren gemacht? Was hätte ich daraus machen können! Es bleibt mir nur der Weg in das Erbarmen und die unerschütterliche Hoffnung: Misericordias Domini in aeternum cantabo.[4] Es bleibt mir das Wort und die feste Zuversicht aus jener Feuerlohe über den Schneefeldern Rußlands, seither so oft erhärtet:

Du kommst nach Hause – nach Hause!

Gegenüberliegende Seite: Selbstporträt des Autors

Verwundetes Herz

»Was meine Frau betrifft – da mache ich mir nicht die geringste Sorge. Auf die kann ich mich verlassen!«

Der großgewachsene Feldwebel, im Zivilberuf Stellmacher, wischte die Tabakkrümel energisch vom Bunkertisch und blies noch einmal über die rauhen Bretter, bevor er die Zigarette anzündete.

Wir sahen ihn fragend an. Der Ton seiner Stimme und seine Bewegung war so, daß jeder eine Erklärung erwartete. Das Thema, das wir gerade besprachen – die Haltlosigkeit der Frauen im allgemeinen und die Treulosigkeit der Ehefrauen im besonderen – war im Unterstand schon überdrüssig oft abgewandelt worden, damals 1944. »Habt ihr schon mal zugeschaut, wie man einen Reifen über die Felgen zieht«, fuhr er fort. »Erst muß er ins Feuer, dann ins Wasser, und dann sitzt er, sitzt wie angegossen. – Verflixt, Jakob, hab ich mir gesagt, als ich auf die Freite ging, die Frau muß dir länger halten als dem Rad der Reifen. Feuer und Wasser – es ging mir nicht aus dem Kopf – ich muß wissen, was ich an meiner Elisabeth habe.

Auf der Kirmes hatten wir getanzt, bis spät in die Nacht. Ein prächtiges Mädel, die Elisabeth, tanzte wie keine zweite im Dorf. Der Verspruch war getan, am nächsten Sonntag sollte das Aufgebot sein. Ich brachte sie nach Hause. Die Alten waren schon im Bett und das junge Volk noch auf dem Tanzboden.

Sie will mir noch einen Kaffee machen, und ein Ei in die Pfanne schlagen. »Elisabeth«, sag ich, »laß das, ich habe danach keinen Appetit, eher nach was anderm. Wo sich's heute doch entscheiden muß, heute nacht.« Sie richtet sich auf am Herd und will reden, bleibt aber stumm und kommt an den Tisch – grad so hab ich dagesessen damals, am Kopfende und die Ellbogen breit auseinander – und sie stützt sich auf eine Stuhllehne mit beiden Händen. »Ja, wie meinst du das, Jakob«, sagt sie endlich. »Wie ich das meine«, sag ich und hab die Courage beinahe verloren vor ihren großen, blanken Augen – »ich meine das so, daß ich nicht willens bin, eine Katze im Sack zu kaufen.« Den Satz hatte ich mir gemerkt, und noch ein paar andere.

Als ich aufschaute, waren ihre Augen noch größer geworden. »Und meinst du etwa mich mit der Katze?« – »Du verstehst schon«, sag ich, »ist ja nur so'ne Redensart. Aber Elisabeth, sei vernünftig, wenn man ein ganzes Leben lang die Kammer teilen muß, dann will ich wissen, ob eine zu mir paßt. Nicht nur so, im Charakter, sondern auch so – na, du weißt schon, und nun kannst du deinen guten Willen zeigen. Andere Mädchen sind nicht so altmodisch wie du. Kaum, daß ich mal einen Kuß von dir bekommen habe.«

»So«, sagt sie, »altmodisch!« Und bleibt immer so stehen und schaut mich an. Mir kriecht was über'n Nacken, ganz ungemütlich wird's mir. – Aber ich hab den Hobel nun mal im Zug und mag nicht absetzen mitten im Span. »Es ist mir ernst«, sag ich, »und du hast zu entscheiden, die Nacht, ob am Sonntag das Aufgebot ist oder nicht.«

Sie wird nacheinander weiß und rot und steht immer so da und zittert, und auch der Stuhl zittert unter ihren Händen.

Feuer und Wasser – muß ich denken.

»Nun setz dich mal her«, sag ich, »und überleg doch mal

ruhig«, und greife nach ihrem Arm.

Sie aber zuckt zurück. »Ich kenne mich nicht mehr aus mit dir, Jakob, ich kenne mich nicht mehr aus« . . . Sie spricht wie eine Sterbende, muß ich denken . . . »Aber wenn das dein Ernst ist, dann ist nichts mehr zu überlegen, dann . . .«

Und nun ist's aus mit ihrer Fassung. Sie wirft sich längelang über den Tisch und schluchzt, es hat mir in die Seele geschnitten und mich doch auch wieder gefreut. Ihr müßt wissen, Jungs, ich hatte mein Mädel verdammt gern, aber das mit der Probe, das hatte ich mir so in den Kopf gesetzt. Ich wollte wissen, ob ich mich später auf sie verlassen könnte. Rutsch ich ab, jetzt, hab ich gedacht, dann steigt mir später kein anderer aufs Bäumchen, kein anderer.

»Elisabeth«, sag ich und streichle ihr übers Haar. »Elisabeth . . .« Aber sie richtet sich auf und sagt, ohne mich anzusehen: »Es ist dann auch besser, du gehst schon.«

Na also, und damit war ich's zufrieden, und erklärt hab ich's ihr, wie's gemeint war. Und sie, nuja, sie hat sich nach und nach beruhigt – mir hat's ja etwas lange gedauert – und das Aufgebot ist richtig am nächsten Sonntag von der Kanzel gekommen. Und jedenfalls, Jungs, ich weiß, was ich an meiner Frau hab, und kein anderer kommt mir da ran.«

»Fabelhafte Idee«, sagte der Gefreite mit dem geschniegelten Haar. »Aber wenn's nun andersherum gekommen wär?«

»Andersherum? Na, dann hätte ich meinen Spaß gehabt, und hätt sie laufen lassen – was denn! – und mir eine andere gesucht.«

Hier mischte ich mich ein: »Jakob, du hast gewiß eine saubere Frau, alle Achtung! Aber verdient hast du sie nicht, du nicht!«

»Wieso, ich hab doch ein Recht . . .«

»Kein Recht darauf, einen anderen Menschen in Versuchung zu führen, schon gar nicht in eine solche Versuchung; erst recht nicht, wenn man ihn wirklich gern hat. Und was so, wie die Ehe, auf gänzlichem Vertrauen aufgebaut ist, das kann man nicht mit Mißtrauen, mit Ausprobieren begründen. Ich kann mir's nicht anders denken, als daß du deiner Frau eine tiefe Wunde geschlagen hast, eine Wunde, die bis zum Tod nicht zuheilt.«

»Och, wenn man so empfindlich sein wollte – man sieht, ihr Pfarrer habt halt keine Ahnung, wie es im Leben wirklich zugeht...«

Durch einen Melder, der den Feldwebel zum Gefechtsstand rief, wurde unser Gespräch beendet.

Zum letzten Mal habe ich ihn gesehen kurz vor meiner Gefangennahme, als wir bereits im Kessel von Brody hin- und hergejagt wurden. Das war vielleicht sechs Wochen später. Ich richtete mich gerade aus einem Kornfeld auf, nachdem eine Staffel feindlicher Kampfflieger über uns hinweggebraust war; da sah ich, daß er neben mir gelegen hatte. »Sauerei sowas«, sagte er und wischte sich den schmutzigen Schweiß von der Stirn, »und von unsern eichenlaubgeschmückten Himmelshunden natürlich kein Schwanz zu sehen... Aber was ich dir noch sagen wollte – ich glaube, du hast doch recht gehabt.«

Ich schaute ihn verständnislos an.

»Erinnerst du dich nicht mehr – das Gespräch über meine Frau, und was du damals gesagt hast, über die... Wunde... Hinhauen!«

Die nächste Welle fauchte schwarz über dem Kiefernwald herein, nicht anders, als hätte er sie ausgespieen, und schon brach die Hölle über uns herein.

Die verworfene Ikone

Das einzige Licht kam von einer Kerze.

So schien es wenigstens dem, der den langgestreckten Raum betrat. Die paar Funseln, die zaghaft im Dunste schwelten, verloren sich darin wie weit entfernte glimmende Kohlen.

Die gekachelten Wände der ehemaligen Badeanstalt schimmerten feucht. Meine Leidensgenossen lagen zusammengekrümmt auf den dreistöckigen Pritschen. Andere hockten herum, nach Ungeziefer suchend oder ihre Lumpen zusammenflickend. Ein paar machten sich an dem qualmenden Ofen zu schaffen. Schwer zu sagen, wo sie die halberforenen Kartoffeln oder Rüben ergattert hatten, die zu kochen nun fast unmöglich war.

Geschimpfe hin, Flüche her. Dann lag wieder lastende Stille über dem Raum; nichts verriet, daß Weihnachten war, Weihnachten 1944 in Kiew.

Das Licht der Kerze hatte einige wenige von uns um den rohgezimmerten Tisch zusammengeführt. Wir hatten sogar ein Weihnachtslied angestimmt, aber es war gewesen, als sängen wir in den Rachen eines Ungeheuers hinein, das uns jeden Ton vom Mund weg verschluckte. Und von den Pritschen waren knurrende Laute gekommen, wir sollten doch Ruhe geben mit dem blöden Singsang. Wo man nicht mal was zu fressen habe.

So waren wir stumm geworden. Stumm schauten wir in

das einzige Licht, jeder mit seinen Gedanken beschäftigt.

Mir gegenüber saß ein ehemaliger Wachtmeister, im Zivilberuf akademischer Maler. Seit einer Woche arbeiteten wir zusammen an der Instandsetzung der Wohnung des Lagerobersten. Wir verstanden uns gut, obwohl wir nicht des gleichen Bekenntnisses waren. Ich hatte seine besonnene Art, die Dinge und Menschen zu sehen, schätzen gelernt.

Jochen Heller, so hieß er, brachte aus seinem Hosenbund etwas wie ein Taschenmesser zum Vorschein und bog den Docht der Kerze zurecht. Dann löste er das herabgeronnene Stearin vom Tisch und legte es unter die Flamme, Stückchen um Stückchen. Ich sah, daß in seinem Gesicht etwas aufstieg. Schließlich brach er das Schweigen.

»Ich habe eine Weihnacht erlebt«, so begann er, »die wohl ebenso schwer und dunkel war wie die heutige. Aber sie barg, bei aller Bitterkeit, doch auch ihren Trost in sich.« Wir schauten auf, erstaunt und erlöst zugleich, daß einer den Mut fand zum Worte in dieser Stunde voll grauer Schwermut.

»Es war der Heiligabend 1941«, fuhr Jochen fort. »Nie werde ich die Schreckensbilder jener Tage vergessen können – wer die damalige »Frontbegradigung« bei Tula-Orel mitgemacht hat, wird wissen, was ich meine. Die brennenden Dörfer, die verzweifelten Menschen, die innere und äußere Not der Kameraden, die einen wahnsinnigen Befehl ausführen mußten – all das lastete mir so auf der Seele, daß ich mir eine Kugel wünschte, allen Ernstes; ich konnte das Grauen nicht mehr ertragen. Damals übrigens haben wir den Krieg verloren, damals, als wir die Seele des russischen Volkes herausgefordert haben.«

Heller strich sich mit der Hand über Stirn und Augen und versank für einen Augenblick in sich.

»Ich gehörte zur Aufklärungsabteilung 120, war Geschützführer im KG-Zug. Aber das hatte damals beim Rückzug keine Bedeutung, wir waren alle infanteristisch eingesetzt. Heiligabend hatten wir uns in Gewaltmärschen vom Russen abgesetzt, wir sollten die Oka, die neue HKL (Hauptkampflinie), erreichen. In Erfüllung eines Sonderauftrags mußte ich mit vier Mann eine Seitenroute einschlagen. Auf der Suche nach der Schwadron konnten wir uns dann nur an sehr unbestimmte Aussagen der Bevölkerung halten, und so hatten wir nach Einbruch der Nacht in dem riesigen Waldgebiet bald jede Orientierung verloren.

Es war eine Hundekälte – manchmal staken wir bis zur Hüfte im Schnee. Gegen 2 Uhr morgens waren wir so erschöpft, daß ein Vorankommen unmöglich war – sinnlos war es sowieso. Zum Glück stießen wir eben auf eine Strohmiete. Wir deckten uns meterhoch mit Stroh zu und versuchten zu schlafen. Den Kameraden ist das wohl auch gelungen. Mich hielt die Sorge wach: der Russe konnte uns auf den Fersen sein; wir konnten alle erfrieren, da das Stroh die feuchte Kälte nur wenig abhielt. Ich hatte Zeit, über den Stall von Bethlehem nachzudenken.

Im heraufdämmernden Morgen zeigte uns ein brennendes Dorf den Weg. Wir arbeiteten uns seitwärts vorbei – wir konnten der Lage nicht trauen – und erreichten glücklich die »Hauptmarschstraße« der Division. Klingende Namen hatten sie ja damals für alles.

Der Morgen des Weihnachtstages war einzigartig schön, von einer geradezu schmerzenden Schönheit. Das makellose Weiß des Schnees, das märchenhafte Funkeln des Rauhreifs, der Baum und Strauch überspann, verzauberte mich, trotz allem. Wenn man je solche Herrlichkeit malen könnte, dachte ich bei mir. Aber ich wurde grausam aus den Träumen gerissen – vor uns lag wieder ein Dorf, wieder ein brennendes Dorf.

Es war hier jedenfalls zugegangen wie überall: Die nichtsahnenden Leutchen hatten den Landsern das Beste vorgesetzt, was sie noch hatten. Die Angst vor den anrückenden Bolschewiken stand ihnen in den Augen, manche weinten. Die Kameraden hatten Brot und Speck mit dem schlechtesten Gewissen von der Welt hinuntergeschlungen – und fünf Minuten später das Zündholz unter das Strohdach gehalten. Nun wirbelte das ganze Dorf hinauf in die gleißende Bläue, die schwarze Asche legte sich wie ein Höllenschnee über das unschuldige Weiß. Die entsetzten Dorfbewohner standen zusammengedrängt am Rande einer Schlucht. Die Kinder weinten, die Frauen jammerten und beteten, die wenigen Männer ballten die Fäuste in stummer Ohnmacht.

Meine Scham war entsetzlich, ich wäre am liebsten im Boden versunken. Aber wir mußten dicht an den verzweifelten Menschen vorbei Spießruten laufen unter Blicken, die härter trafen als Peitschen oder Stöcke.

Gerade wie wir die Gruppe des Elends erreichen, sehe ich, wie ein riesenhafter Greis aus einem kümmerlichen Haufen geretteten Hausrats eine Ikone herauszieht. Eine Frau fällt ihm schreiend in die Arme. Er entwindet sich ihr, reckt sich hoch auf und schleudert das Bild mit einem dröhnenden Fluch hinab in die Schlucht.

Ich habe ein ziemliches Gedächtnis für Gesichter. Und dieser Kopf war einer von denen, die man nicht vergißt, wenn man sie einmal gesehen hat. Der Alte hatte mit seiner heftigen Bewegung die Schapka abgestreift, und ich erkannte den kugelrunden, eisenharten Schädel wieder, der mir schon einmal aufgefallen war, im Oktober, bei unserm Vormarsch über die Oka. Wie anders war damals die Szene gewesen! Wer 41 dabei war, hat bestimmt solche Bilder gesehen: Die gequälten Menschen begrüßten uns als Befreier. Und eben dieser Greis mit dem Eisenschädel stand damals vor seiner Hütte, barhäuptig, die Hände über der Brust gekreuzt, Psalmworte vor sich hinsingend. Tränen der Freude rollten ihm in den Bart.

Das stand nun blitzartig vor meiner Seele, als ich den Alten das Bild in die Schlucht hinabwerfen sah. Ich begriff, welche Tragödie des Vertrauens sich hier abgespielt hatte, und schämte mich noch tiefer für die, welche den Glauben dieser einfachen Menschen zerbrachen.«

Jochen Heller stützte den Kopf in beide Hände. Es war nichts mehr zu hören in dem von Menschen gefüllten Raum, aber die Stille war anders als vorher: nicht mehr lastend und abwehrend, sondern aufmerksam und horchend. Aus dem Dunkel tauchten Gesichter auf, von Hunger und Not gezeichnete Gesichter. Es fiel mir wieder einmal auf, wie viele von ihnen an Tierköpfe erinnerten, an Köpfe von Pferden, von Hunden, von Ziegen, von Ratten. Ich fragte mich: Sind sie eigentlich jetzt entstellt, oder trugen sie früher eine Maske? Sie bildeten schon eine zweite Reihe mir gegenüber, und es war, als stünden hinter ihnen noch viele; viele, die hungerten nach einem erlösenden Wort.

»Und nun kommt das«, so fuhr Heller fort, »wovon ich euch eigentlich erzählen wollte. – Wir beeilten uns, weiterzukommen, weiter durch Rauch und Aschenregen. Mit einmal standen wir still – es war unverkennbar: aus einer der brennenden Hütten drang das Schreien eines Kindes.

Wir sahen uns an – hier mußte geholfen werden. Aber die Kate stand lichterloh in Flammen, und ich hatte die Verantwortung für das Leben meiner Männer. Durch die Tür einzudringen war unmöglich; an dem hölzernen Windfang war das Feuer am weitesten vorgeschritten.

Während wir um das Haus rannten, um irgendeinen Eingang zu finden, hatte hinter mir einer ein Fenster eingestoßen und sich, ehe ich es verhindern konnte, durch die Öffnung hindurchgezwängt. Ich war entsetzt. Wir schrien, um ihm den Weg zurück anzuzeigen. Vielleicht aber haben wir dadurch eher das Finden des Kindes erschwert. Es dauerte wohl nur wenige Augenblicke, aber sie kamen uns unter dem Knattern und Zischen der Flammen wie eine Ewigkeit vor. Einer schleppte einen Stamm herbei – es gelang uns, die Lehmwand unter dem Fenster einzustoßen. Nun endlich tauchte Josef Kehl[5)], so hieß er, aus einer Wolke von Qualm und Feuer auf; sein Gesicht war hochgerötet, Brauen und Bart versengt, seine Augen blickten wild und stechend, die Uniform glimmte an mehreren Stellen. Im Arm trug er ein Bündel, das Kind, das er in seinen Mantel gewickelt hatte. Wir wollten ihm seine Last abnehmen, aber er hielt das Kleine fest, das wieder zu schreien begann, als wir sein Gesicht freimachten. Es war ein Mädchen, vielleicht vier Jahre alt.

In diesem Augenblick ertönte ein gellender Schrei, unten an der Schlucht. Eine Frauengestalt löste sich aus der Menschengruppe und rannte auf uns zu. Josef schritt ihr entgegen. Und dann fiel oben am Waldrand der Schuß...

Das ist nun drei Jahre her, und ich bin immer noch nicht fertig mit dem, was damals geschah. An solchen Erlebnissen wird man entweder zum stumpfen Tier oder zum inbrünstig Glaubenden. In jenem Augenblick ist mir erst richtig aufgegangen, wie sehr ich den Jüngsten aus meiner Gruppe ins Herz geschlossen hatte. Er war ein stiller und reiner Mensch, zuverlässig und hilfsbereit in jeder Lage. Stammte von der Mittelmosel, der älteste von achten. Ich habe ihn oft beobachtet, wie er verstohlen ein Foto seiner Angehörigen betrachtete. Bei den Kleinen hatte er Kindermädchen spielen müssen, da nach ihm zunächst nur Buben kamen. Mir war es, an jenem Weihnachtsmorgen, als hätte sich in der Gestalt dieses jungen Menschen ein Engel über das unsagbare Elend des Krieges emporgeschwungen, ein leuchtendes Trotzdem, und nun trifft ihn diese blinde Kugel, und ein höhnisches Gesicht grinst über die zusammengesunkene Gestalt: Was willst du, es ist alles sinnlos und gräßlicher Zufall.

Nun, das wirklich zu denken, hatte ich keine Zeit – es traf mich alles auf einmal; wie ein Faustschlag ins Gesicht. Ich ließ das Maschinengewehr in Stellung bringen und ein paar Stöße zum Waldrand hinaufschicken – nichts regte sich mehr, und wir haben nie erfahren, aus wessen Gewehr diese elende Kugel kam – war es ein Partisan, ein verbitterter Einwohner, ein russischer Spähtrupp? Ich bemühte mich um den Zusammengebrochenen – der Einschuß befand sich unter dem Schulterblatt. Das Blut sickerte nur aus der Wunde, aber es war zu sehen, daß es mit Josef schnell zu Ende ging.

Die Frau hatte unter Schreien und heftigen Gebärden das Kind an sich gerissen, und im Nu waren wir umringt von den Dorfbewohnern, die in grenzenloser Verwirrung und mit ehrfürchtiger Scheu auf den Sterbenden blickten. Indem tasteten seine Finger nach der Öffnung der Uniform auf der Brust, als suchten sie etwas, und als ich nachhalf, entdeckte ich ein Kettchen und daran ein Medaillon, wie es die Katholiken tragen. Es stellte die Mutter Jesu dar. Josef führte es mit letzter Anstrengung an die Lippen, dann sank seine Hand schlaff in den Schnee.

Wie ich nun aufblicke, sehe ich zwei weit aufgerissene Augen über mir. Es ist der alte Mann, der sich über den Sterbenden beugt und das Medaillon berührt. In seinen Zügen arbeitet es ungeheuer. Er bricht in den Schnee, wie vom Blitz gefällt, erhebt sich aber gleich wieder und geht eiligen Schrittes hinunter zur Schlucht. Er läßt sich hinuntergleiten bis zur Sohle, wirft sich mit dem Angesicht zu Boden, bekreuzigt sich dreimal und richtet sich dann auf, die Ikone in den Händen. Mühsam arbeitet er sich nach oben und trägt das Bild, feierlich, als führte er eine Prozession an, zu uns herüber. Er legt die Ikone, die gleichfalls die Mutter mit dem Kinde darstellt, dem Toten auf die Brust. Dann spricht er mit kräftiger Stimme Gebete, die ich nicht verstehe, wohl in der altslawischen Kirchensprache, und die Menschen rundum bekreuzigen sich und beten mit ihm, bis ich Josef Kehl die Augen zudrücke.

Den Leichnam haben wir neben das Maschinengewehr auf den Schlitten gelegt und ihn später in dem splitterharten Erdreich am Ufer der Oka beerdigt.

Und an der Mosel, in der Stube des Winzerhauses, in dem er geboren wurde, hängt nun das Bild der Madonna mit den wissend traurigen und doch so gütigen Augen. Und seine Mutter zündet jeden Samstag davor die Ampel an, so, wie es früher eine andere Mutter getan hat, dort, wo ihr Sohn begraben liegt.

»Seht ihr«, so schloß Joachim Heller seinen Bericht, »das waren meine Weihnachten 1941. Es war viel Dunkel darin. Überhaupt, wie viele Dinge, und wohl gerade die tiefsten, werden für uns Menschen zeit unseres Lebens im Dunkel bleiben, eingebettet in eine undurchdringliche Schale! Aber wenn ich mir das Antlitz des Greises über dem Sterbenden vergegenwärtige, dieses zerbrochene und dann von einem ganz anderen Licht emporgerissene Antlitz, dann fühle und weiß ich: Es gibt noch eine Hoffnung für unsere Völker. Nur eine Hoffnung.

Und ich meine, wir sollten doch einmal versuchen, unser Weihnachtslied zu singen: Stille Nacht . . .«

Wolodja

Erzählung aus Wolhynien (Polen)

In den letzten Maitagen des Jahres 1945 beobachtete ein Schuhmacher, der das höchstgelegene Haus einer Ortschaft im Glatzer Bergland bewohnte, an ein paar Abenden hintereinander, wie ein blutjunger russischer Soldat, offenbar der örtlichen Besatzung zugehörig, an seinem Fenster vorbei den Weg zur Höhe nahm. Zwischen seinem Anwesen und dem Bergwald befand sich nur ein Wallfahrtskirchlein, Maria vom Troste genannt, und es ist begreiflich, daß sich bei dem biederen Handwerksmeister die Neugier, allgemach auch die Sorge regte, was den jungen Menschen wohl dieses Weges führen möge, zumal dieser jeweils, bei der Rückkehr nicht anders als beim Aufstieg, ein scheues Gebaren an den Tag legte. So ermannte er sich eines Abends und stieg dem Burschen vorsichtig nach; er sah ihn, wie schon nicht mehr anders erwartet, in die Kapelle eintreten und hörte, als er sich bis an den Eingang vorgewagt hatte, aus dem Innern ein Schluchzen und Stöhnen, das auch einen härteren Mann, als unser Meister es war, erschüttert hätte. Und da er nach dieser Beobachtung, mehr dem menschlichen Mitleid als dem allzumenschlichen Abscheu vor den barbarischen Siegern Raum gebend, mit sich zu Rate ging, wie er dem Unglücklichen wohl helfen könne, kam er zu dem Entschluß, die Sache vor den Pfarrer zu bringen, der in der Nachfolge des guten Hirten, allen Warnungen zum Trotz, bei dem zurückbleibenden Teil seiner Herde ausgeharrt hatte.

Und so bot sich diesem am nächsten Abend ein gewiß nicht alltäglicher Anblick: der junge Rotarmist lag ausgestreckt vor dem Altar der Schmerzensreichen, vom Weinen geschüttelt, bis er, durch den Lichteinfall oder ein Geräusch erschreckt, auf die Füße sprang und angstvoll die dunkle Gestalt anstarrte, die sich ihm im hellen Rund der Türe zeigte. Als ihm aber der Gruß »Gelobt sei Jesus Christus« in polnischer Sprache geboten wurde, gab er die Antwort und lehnte sich dann an den Altartisch, die Hände rückwärts aufstützend wie einer, der einen Halt sucht und zugleich sich wehrlos ausliefert.

Der Geistliche machte die Türe hinter sich zu und trat vor den ungewöhnlichen Besucher des Heiligtums. »Ich bin gekommen, um Ihnen zu helfen«, sagte er ruhig, »wenn denn Hilfe in meiner Macht steht.« Da jener sich immer noch nicht zu fassen schien, ergriff er väterlich seine Hände und führte ihn zu einer der schweren eichenen Bänke, wo er ihn mit sanfter Gewalt zum Sitzen nötigte. »Ich möchte glauben, daß einer, der Tag für Tag hier heraufkommt, um sich auszuweinen vor der Trösterin der Betrübten, am Ende dem Priester ihres Sohnes etwas anvertrauen möchte.« Und da er den unruhigen Blick des jungen Menschen zur Tür bemerkte, schob er den Riegel vor. »Es wird uns niemand behelligen.«

»So danke ich Gott, daß Ihr gekommen seid, Vater«, sagte der Verstörte endlich. »Die heilige Jungfrau hat Euch zu mir geschickt. Ich konnte es nicht mehr ertragen. Ich war hier heraufgestiegen, um mich zu töten.« Er nestelte an seinem Kittel und zog einen Brief hervor, der ein paar kurze Zeilen enthielt, offensichtlich ohne Unterschrift. »Ich kann die kyrillischen Zeichen nicht lesen«, sagte der Priester.

»Es heißt so: Wir haben herausbekommen…, aber nein, ich will Euch die ganze entsetzliche Geschichte erzählen. Vielleicht werdet Ihr mich auch verfluchen, wie die andern alle, aber vielleicht…«, er schaute wie hilfesuchend auf das Bild der Schmerzhaften, auf das ein letzter Widerschein des Tages fiel.

»Meine Heimat ist in Galizien, bei Olesko«, begann er dann wieder in seinem mit Ukrainisch durchsetzten Polnisch, dem zu folgen der Geistliche Mühe hatte. »Wir arbeiteten auf dem Vorwerk, aber wir lebten im Frieden, ehe der Krieg kam, ach, in welchem guten Frieden!

Warka war das schönste Mädchen in unserem Dorfe. Viele rühmten sie sogar, es gebe keine Schönere in der ganzen Woiwodschaft. Als ich bemerkte, daß sie mich gern sah, war ich wie von Sinnen. Aber ich konnte es nicht glauben und wagte lange nicht, mit ihr darüber zu sprechen.

Es war damals zum zweiten Male Krieg, und die Deutschen hatten die Roten hinausgeworfen. Da war auch unser Väterchen Grigorij, das die Roten weggeschleppt hatten, zurückgekommen und tat uns den heiligen Dienst in der Kirche. Ich durfte ihm dabei helfen, obwohl ich noch jung war, und er hatte mich gern.

Ich sah, daß Warka die Burschen, die sich um sie bewarben, stehenließ. Aber wenn sie mir begegnete, wurde sie dunkel unter den Wimpern. Da faßte ich mir eines Tages ein Herz und trat hervor aus dem Busch, hinter dem ich schon oft gestanden, wenn sie vorüberging zu ihrem Feldgarten. Und ich stand da und wußte nichts zu sagen als: Warka! Da blieb auch sie stehen und schaute mich an. Und dann nahmen wir uns an der Hand und gingen über die Wiese. Die Wiese war weiß und rot von Blumen, denn es war Frühling.

Das war vor einem Jahr, in der Zeit, als die Front wieder

bei Brody stand und alle Männer und jungen Leute zu Schanzarbeiten hinaus mußten. Man gab uns gut zu essen, und viel Geschütz wurde herangebracht, so daß unsere alten Männer, die noch unter dem österreichischen Kaiser gedient hatten, sagten: Hier kommen die Roten niemals durch. Unser Väterchen Grigorij munterte uns auf, er sagte: Ihr kämpft für unseren heiligen Glauben. Denn er kannte die Roten.

Dann kam ein Gerücht auf, daß alle Männer nach Deutschland gebracht würden. So hielt ich mich tagsüber im Wald verborgen und kam nur nachts nach Hause, um zu essen. Denn ich wollte mich nicht von Warka trennen. Eines Nachts fand ich meine Mutter, die saß da und weinte. Heute haben sie die Männer geholt, sagte sie, nun werden bald die Roten kommen.

Danach zogen die Deutschen aus den Dörfern und gruben sich in den Wäldern ein. So war ich eine Sorge los. Sie waren abends immer zu Warka gekommen und hatten gesungen und auf der Harmonika gespielt. Aber Warka hatte mit keinem von ihnen getanzt. Wie kann ich tanzen, sagte sie, wo ich nicht weiß, ob mein Vater noch am Leben ist.

Als ich keine wilden Kirschen mehr auf den Bäumen fand, da ging die große Schlacht an. Am Tage kamen die Flieger mit den roten Sternen über den Wald, und auch in der Nacht donnerte das Geschütz von vielen Seiten. Ich bemerkte, wie die Deutschen bald hierhin, bald dorthin zogen, und ich hatte große Angst, daß ich entdeckt würde. Eines Nachts, als im ganzen Umkreis schon die Dörfer brannten, kam Warka, die mein Versteck kannte, zu mir und sagte: Die Roten werden nun kommen. Darum will ich bei dir bleiben. So lebten wir mehrere Tage zusammen in dem Versteck. Ich rührte sie aber nicht an; denn man ist streng bei uns in diesen Dingen. Sie hatte eine Ikone von der heiligen Mutter mitgebracht, davor beteten wir. Wir dachten auch an die Polen. Die Unsern hatten sie im Frühjahr aus Olesko und überall fortgejagt, und Warka sagte: Jetzt werden sie es uns genauso machen. Ich sagte: Wir wollen lieber sterben als voneinandergehen. Sie sagte nichts und weinte.

Ich traute mich endlich hervor, weil wir sonst verhungert wären, und ging zu meiner Mutter. Sie schrie vor Freude, als sie mich sah, und sagte, wir sollten herauskommen. Die Roten hätten es sehr eilig, nach Berlin zu kommen, es sei nur eine kleine Besatzung in unserem Dorfe. So gingen wir denn nach Hause.

Als ich am nächsten Tag unter den Sonnenblumen am Gartenzaun stand, sah ich, daß auch Wassil, der Mann unserer Nachbarin Hanka, nach Hause gekommen war. Er war schon vor mir in sein Versteck gegangen. Damals, im Jahre vierzig, hatte er es mit den Sowjets gehalten. Viele aus dem Dorf meinten, man solle ihn den Deutschen anzeigen. Andere sagten wieder: Die Deutschen sind Fremde, und Wassil hat eine Frau aus unserem Ort. Als ich ihn sah, erschrak ich.

Da es die nächste Zeit nun ruhig blieb, dachte ich daran, Warka zu mir ins Haus zu nehmen. Es war aber kein Priester da, um uns zusammenzutun. Väterchen Grigorij war verschwunden, und alle glaubten, daß er nach Polen oder Deutschland geflohen sei. Die Roten hatten ihn schon einmal vorgehabt. Einmal kam ein Pope in unser Dorf, der sagte, wir würden jetzt der Großen Rechtgläubigen Kirche angeschlossen und der Synode von Kiew unterstellt, und wir sollten alle der römischen Finsternis abschwören. Aber als er das gesagt hatte, gingen unsere Frauen aus der Kirche und ließen ihn stehen.

In einer stürmischen Herbstnacht klopfte es an unser

Fenster. Ich stand auf und nahm den Balken von der Tür. Ich hatte kein Licht gemacht, aber an der Stimme erkannte ich sogleich unser Väterchen Grigorij. Kommt herein, sagte ich, kommt herein. Er küßte mich auf die Wange. Er sagte, er sei herübergekommen, um mit seinen Kindern die heiligen Geheimnisse zu feiern. Ich solle es ihnen bestellen, daß sie in der Nacht zum heiligen Tag heimlich in die St.-Georgs-Kirche kämen. Diese Kirche liegt abseits vom Dorf und ist sehr alt. Ich war stolz, daß ich es den Unseren sagen durfte. Wir hatten alle Fenster mit Decken verhängt. Väterchen Grigorij und die Chorfrauen sangen nur mit leiser Stimme, aber die Leute weinten laut.

Als er das nächste Mal kam, wohl einen Monat später, hat er Warka und mich zusammengetan. Ich nahm sie also in unser Haus.

Aber das war eine große Torheit. Wassil, der nun der Vorsitzende des Dorfsowjets war, kam zu uns und fragte: Wer hat euch zusammengetan? Zusammengetan? sagte ich, wir selber haben uns zusammengetan. So, sagte er zu meiner Mutter und machte schmale Augen dabei, steht es so in eurem gottesfürchtigen Haus, daß sie zusammenleben wie die Hunde? Aber ich werde es herausbekommen, sagte er und ging.

Wir waren sehr erschrocken. Wir wußten, daß er unser Väterchen haßte. Und wir wußten nicht, was wir ihm entgegnen sollten. Er haßte auch Warka; denn er war von der Art, daß er an einer Frau nicht genug hatte.

Am nächsten Morgen kam er mit zwei Bewaffneten und nahm Warka mit. Warum tust du das, Wasja, fragte ich. Komm zum Sowjet, da wirst du es gewahr werden, sagte er, und verhöhnte mich.

Ich ging ihm nach. Vor dem Sowjet stand ein Fuhrwerk. Sie setzten Warka darauf. Mich winkte Wassil in das Haus.

Du wirst Warka nie wiedersehen, wenn du mir nicht sagst, wo sich der Pfaffe verborgen hält. Ich weiß nicht, wo er ist, sagte ich. Hätte ich es nicht gewußt! Aber ich wußte es. Er trat ans Fenster und winkte denen draußen. Der Wagen fuhr an. Warka, Warka, schrie ich und rannte ihnen nach. Aber die Soldaten richteten ihre Bajonette auf mich.

Ich stürzte zurück in den Sowjet. Was macht ihr Hunde mit ihr, schrie ich, vor Verzweiflung außer mir. Ich will es dir sagen, sagte er ganz langsam. Wir bringen sie nach Olesko. Bis heute abend geschieht ihr nichts. Aber wenn wir heute abend nicht wissen, wo der Pfaffe steckt, dann wird sie der Garnison übergeben. Du weißt, unsere Rotarmisten sind gesunde Burschen.

Ich wankte hinaus. Ich meinte, ich würde wahnsinnig. ich rannte quer über die Wiese an den Weg. Ich sah, wie sie unter den Weiden daherkamen. Ich lief über den Sumpf, hinter dem Wagen her und schrie: Warka, Warka! Sie winkte mit der Hand.

Als ich ihnen über die Brücke nachwollte, stand da ein Posten. Anderswo kann man im Herbst nicht nach Olesko, weil überall der Sumpf ist.

Wie ich diesen Tag verbracht habe – ach, es war entsetzlich! Nach Hause konnte ich nicht, weil ich der Mutter nichts sagen durfte. Ich stand dort unter den Pappeln am Dorfrand und schaute hinüber nach der Stadt, wo meine Warka war, und ich schaute nach den Waldbergen dahinter, wo unser Väterchen Grigorij war. Die Krähen schrien über mir, und der Himmel war schwarz von ihren Schwärmen. Als es zum Abend ging, stand ich vor Wassil und – sagte es ihm.

Gut, sagte er, während er ans Telefon ging, du wirst sie morgen wiederbekommen. – Morgen? –

Ich hatte eine furchbare Nacht. Der Mutter konnte ich

die Wahrheit nicht sagen. Sie weinte und betete, bis sie am Boden einschlief. Ich selber schlief nicht, und wenn ich einen Augenblick schlief, dann sah ich Väterchen Grigorij in unsere Stube treten und spürte, wie er mich auf die Wange küßte. Und wenn ich wachlag, glaubte ich die Soldaten in der Garnison zu hören, wie sie johlten. Es war aber der Sturm, der in dieser Nacht besonders schwer ging.

Es war noch dunkel, da stand ich schon an der Straße, wo ich Warka zuletzt gesehen hatte. Als es dann hell wurde, zählte ich die Weidenstrünke an der Straße. Ich zählte sie immer wieder, es waren genau zweiundsiebzig bis dorthin, wo sie vor dem Schloß von Olesko aufhörten. Dann kam jemand, ich dachte nicht, daß es Warka sein könnte. Die Gestalt kam näher, ganz langsam näher. Als es nur zwanzig Bäume bis zu mir waren, da sah ich, daß es Warka war. War es wirklich Warka? Wie ging sie denn nur? Es war schrecklich, wie sie ging, es war schrecklich, Herr erbarme dich! Ich konnte mich hinter meinem Baum nicht rühren, ich wußte nun alles.

Als sie auf die Brücke gekommen war, blieb sie stehen. Sie segnete sich mit dem dreimal heiligen Zeichen, sie steckte ihren Rock auf, um über das Geländer zu steigen. Da schrie ich. Als sie mich sah, rutschte sie am Gestänge zu Boden. Ich habe sie auf meinen Armen nach Hause getragen und dabei immer geschrien. Warka wimmerte leise. O Vater, es war die furchtbarste Stunde meines Lebens.

Aber nein, ich wurde noch elender. Als sie nach vier Tagen wieder ein wenig Essen zu sich nahm, schöpfte ich Hoffnung. Am sechsten Tag sprach sie das erste Wort. Wolodja, sagte sie, es ist nun so wie es ist, und du hast keine Frau mehr. Aber du hast recht getan, daß du es ihnen nicht gesagt hast. – Ich meinte, die Erde müßte unter mir bersten und mich verschlingen.

Am selben Tage bekam ich den Schein, daß ich mich in Lemberg zu stellen hätte. Ich war es zufrieden; denn ich wollte sterben. Warum bin ich nicht gestorben? Es sind hundert neben mir hingesunken, ich aber blieb am Leben.

Nun bekam ich vor einer Woche diesen Brief. Ich weiß nicht, wer ihn geschrieben hat, aber als ich ihn gelesen hatte, wollte ich mich töten. Darum bin ich hier herauf gegangen, zum Walde. O Vater, seht, was sie geschrieben haben. So haben sie geschrieben: Wir haben herausbekommen, daß du der Judas bist. Alle verfluchen dich. Warka ist ins Wasser gegangen. Deine Mutter ist gestorben. So haben sie geschrieben.

Ich wollte mich töten, und da kam ich hier vorbei. Ich dachte daran, daß Warka sich gesegnet hatte, als sie von der Brücke springen wollte. Und ich hörte eine Stimme, die mich hier hereinrief. Als ich die Mutter mit dem Schwert im Herzen sah, da fiel ich auf den Boden und weinte. Ich habe all die Tage hier nichts getan als geweint. – Aber was ist Euch, Vater ... ?«

Der Angesprochene konnte seine Tränen nicht mehr zurückhalten. Schwere Tropfen sickerten durch die Hand, mit denen er seine Augen bedeckte. Wolodja hörte sie in der ungeheuren Stille, die seinem Bekenntnis folgte, auf die Soutane niedertropfen. Es dauerte eine geraume Weile, bis er Antwort erhielt. »Das ist ihre Stunde, und die Macht der Finsternis. Er ist gekommen über euch – und über uns, der Karfreitag der Christenheit. Du bist durch die Hölle gegangen, Wolodja. Was soll ich dir sagen? Ein neues Herz müßte ich dir geben können. Es ist Einer, der es dir geben wird, und seine Mutter hält Ihn dir entgegen. Komm, mein Sohn!«

Der Priester legte sich die Stola über die Schultern und beugte den Kopf des starken jungen Menschen nieder an seine Brust, so daß dieser die Schläge seines Herzens hören konnte. Dann sprach er die Worte, vor denen die finstern Burgen zerbrechen: »... ego te absolvo...« Und er küßte ihn auf beide Wangen.

Der Schuhmacher sah auch an den nächsten zwei Abenden den jungen Rotarmisten zu der Kapelle der »Mutter vom Troste« hinaufsteigen. Aber dann schaute er vergebens nach ihm aus. Es war am gleichen Tag, an dem ein erstauntes Flüstern die Ortschaft durchlief, wonach ein Russe die Unschuld eines dreizehnjährigen Mädchens beschützt und dabei sein Leben gelassen hatte.

Als dem Pfarrer seine Nachforschungen die Gewißheit brachten, daß es Wolodja war, der also ritterlich in den Tod gegangen, fühlte er sich nicht wenig getröstet.

Der begrabene Christus
Eine Ostererzählung aus der Ukraine

Ich mußte es über mich ergehen lassen: Aglaja Borissowna umarmte mich und drückte mir einen herzhaften Kuß auf die Wange, ohne dabei ihren Redefluß zu unterbrechen. »Ja, ja, Christos waskrés[6] – wir sagen's noch und glauben's doch nimmer, wir geben uns den Kuß und haben doch keinen Frieden: ja, auch bei mir liegt Er noch begraben, ich habe Krieg mit Ihm – ach, barmherziger Gott, alle haben sie Krieg mit Ihm. Aber kommen Sie doch herein, bátjuschka[7] – kommen Sie und machen Sie sich's bequem! Ist ja so nur ein Stündchen, ein Stündleinchen, und dann wieder hinauf zu diesen Menschenfressern, zu diesen..., Herr, hab Mitleid mit uns Sündern!... Und hier unser Schäfchen, meine Schwester! Will Ihnen auch ein gutes Fest wünschen – nur zu, Olga, keine Scheu! Unser Gast beißt nicht, ach nein, sie beißen nicht mehr, die Deutschen, stumpf sind ihnen die Zähne geworden an der Kukuruzkleie, der scheußlichen. Verzeihen Sie, sie ist eine gute Seele; sie hat den Knäuel, die Arme, findet nur nicht den Faden. Aber sie ist im Frieden, sie hat keinen Krieg, mit niemandem. Und nun greifen Sie zu, Väterchen, aber bitte doch, greifen Sie zu! Verwöhnt sind Sie ja nicht und werden vorlieb nehmen mit unserm bescheidenen Feiertag, wir sind ja auch nicht reich, alle sind wir arm geworden. Das Ei'chen zuerst, wenn's beliebt, so gehört es sich heute, greifen Sie zu, bedienen Sie sich!«

»Greifen Sie zu, bedienen Sie sich!« – kam es wie ein Echo aus Olgas Mund, und ihr rundliches Gesicht war womöglich noch freundlicher als das scharfgeschnittene ihrer Schwester, das einmal sehr schön gewesen sein muß. Olga schien überhaupt nur dazu auf der Welt zu sein, das Echo oder den Schatten Aglajas zu bilden. Sie sagte kein Wort, das nicht vorher aus dem Mund ihrer Schwester gekommen war, und begleitete deren Rede mit den nachdrücklichsten Gebärden, so ihre vollkommene Übereinstimmung ausdrückend.

Aglaja bewohnte mit ihrer Schwester zwei Zimmer ihres ziemlich geräumigen Hauses jenseits der Schlucht, die zwischen unserm Lagergelände und dem alten Friedhof des südlichen Kiewer Stadtteiles zum Dnjepr hin verlief. Die übrigen Zimmer hatte sie an unseren Natschalnik[8] und einen unserer Arbeitsaufseher vermietet. Von der Miete und den Erträgnissen ihres mit viel Fleiß bebauten Obstgartens fristeten die beiden etwa fünfzigjährigen Frauen ihr Leben. Ich hatte sie kennengelernt, als ich mit Zimmerleuten aus meiner Brigade die sehr hohe, schmale Holzbrücke instandsetzen mußte, die über die Schlucht zum Hause hinüberführte. Aglaja hatte mich zu Ostern eingeladen und zugleich ihren Mieter, unsern Natschalnik, bewogen, mich für eine Stunde aus dem Lager zu lassen.

So saß ich nun auf dem ungleich gefederten alten Kanapee und ließ mir zum Tee das Hutzelbrot und die goldbraunen Fladen munden. Wie mich aber nie meine Leidenschaft verließ, das wirkliche Leben des russischen Volkes kennenzulernen, so bewegte mich auch jetzt die Frage nach dem Schicksal der beiden Schwestern mehr als die ungewohnten leiblichen Genüsse, und da ich fühlte, die anfänglich hingeworfenen Bemerkungen Aglajas müßten damit in Zusammenhang stehen, erlaubte ich mir die Fra-

ge, was sie wohl mit dem »begrabenen Christus« gemeint habe.

»Ach, Väterchen«, so nahm sie den bis dahin kaum unterbrochenen Redefluß wieder auf, »Sie sollten nichts geben auf das Geplapper eines armen Weibleins, aber es ist schon so, es ist noch keiner gekommen, der mir den Stein weggewälzt hätte, hier«, – sie zeigte auf ihre Brust (ihre Schwester aber schlug mit heftigem Kopfnicken an die ihre) – »ja, da liegt er nun schon viele Jahre (»viele Jahre«, echote Olga) – still, Dummerchen! – ein rundes Jahrzehnt nun schon, und an Ostern drückt er schwerer als an andern Tagen – ach, wie er lastet, und du meinst, es muß ein Engel kommen, der ihn weghebt; aber keiner kommt, keiner. Die Engel sind geflohen aus unserm Rußland, und meine Engel hat man mir genommen, und wie du auch wartest, Jahr um Jahr, nie kommen sie wieder!« (»Nie!« bekräftigte Olga, die mit ihrer Schürze eifrig über die Tischkante rieb.)

»Schweig still, mein Turr-Turr-Turteltäubchen, woher willst du's denn wissen! Vielleicht kommen sie doch eines Tages – der Krieg ist ja nun zu Ende – aber wie sollten sie auch kommen! Den einen hat mir Stalin gekrallt, den Mann; und den Jungen, meinen Rurik, hat mir Gott genommen.«

»Nun, Aglaja Borissowna, wenn ihn Gott zu sich genommen hat, dann ist er im Frieden.« »Aber nein doch, Väterchen, gestorben ist er nicht, das heißt, wer weiß es? Vielleicht liegt er schon lange unter dem Eis von Kolyma oder in den Sümpfen von Tobolsk, und mein Mann... aber wer kann es wissen? Wenn es Sie nicht langweilt, will ich Ihnen meine arme Geschichte erzählen.«

»Oh, ich bitte Sie sehr darum, ich nehme herzlichen Anteil.«

»Ach, und es tut freilich gut, einem Menschen seine Seele zu öffnen – einem Menschen, verstehen Sie? Bei den Unsern weiß man nie: ist es ein Mensch, ist es ein Teufel, und besser sieben Schlösser vor dem Mund als ein Schloß an den Händen. Und wie gut es sich trifft, daß auch der Parasit von hier nebenan, euer ‚Herr' Natschalnik, – wie gern hören sie doch das ‚Herr'! – heute mit seiner Bachstelze und den Rangen in der Stadt ist! – Einem Menschen, ja, da war doch während des Krieges ein junger Offizier, einer von den Euren, bei uns da im Quartier; dem habe ich meine Geschichte auch erzählt – was war er doch für ein schöner junger Mensch! – aber vergessen Sie nicht, zuzugreifen! (Olga begann schuldbewußt, sämtliches Geschirr näher an mich heranzurücken, bis sie unter einem tadelnden Blick ihrer Schwester innehielt) – meine Geschichte habe ich ihm erzählt; und er darauf: ‚Wir holen sie dir wieder, Mámuschka', hat er gesagt, ‚und wenn wir sie dem Teufel abjagen müssen ganz hinten in Wladiwostok!' – ach der Arme, wie oft habe ich an ihn denken müssen! Auch einer Mutter Sohn!

Mein Mann war Direktor! – wie sie das nennen – von dem Sägewerk drüben überm Fluß. Sie kennen es, haben ja auch schon dort gearbeitet, und es ging uns – nun, heute sagen die Nachbarinnen: Sie hat ihre guten Jahre gehabt, mag sie nun auch die schlechten kennenlernen! Gute Jahre – ach, wie denn! – Jahre der Unruhe und Angst! Aber ich hatte doch ihn und Rurik. Fjodor hatte seine Verdienste, in den Jahren des Umbruchs versteht sich, und so hatten sie ihm die Stelle gegeben. Aber er war ein edler Mensch, zu gut für diese Halunken, und sie hatten es flink heraus, daß sein Eifer für die Partei zu Asche geworden war. Bald fanden sie auch den Anlaß, ihn abzustrafen, weil er eben ein zu gutes Herz hatte. Und ich, in meiner Dummheit, habe ihnen noch dazu verholfen.

Da merkte doch – es ist nun gerade zwölf Jahre her – mein Mann am zweiten Ostertag, daß da im Strom von den Flößen ein paar Stämme fehlen – die Spitzbuben hatten sie jedenfalls abtreiben lassen und weiter unten wieder herausgefischt – merkt es und stellt den Nachtwächter, den Wassilenko, zur Rede. Der beteuert zuerst, es sei unmöglich während seiner Wache geschehen, aber dann kommt er daher gegen Abend und gesteht – hier in der Stube hat er's gestanden und sich auf den Knien gewälzt und Rotz und Wasser geheult – gesteht ihm, daß er für zwei Stündchen seinen Posten verlassen habe in der Nacht, um, so sagte er, in der untern Lavra die Auferstehung zu feiern – jawohl, die Auferstehung zu feiern! – gesoffen hat er, der Lump, vielleicht gar die Stämme versoffen – und er möchte ihm doch um Christi willen verzeihen und Mitleid haben mit seinen armen Würmern und schweigen über die ganze Sache; die Stämme ließen sich doch, so meinte er, in ein paar Tagen »heraussägen«, und kein Mensch werde Wind davon bekommen. Aber laß den Teufel mal keinen Wind bekommen, und schon diese Oberteufel! Und ich dumme Gans – das Herz hat er mir weich geheult –, ich dumme Gans sag meinem Mann auch noch: ‚Nun, laß ihn laufen, Auferstehung ist' – ja, damals habe ich noch geglaubt an die Auferstehung, mein Mann glaubte nicht mehr, oder glaubte er wieder? – und er hatte mir auch verboten, mit Rurik zu beten, und hat er nicht recht gehabt, in solchen Zeitläuften? Ich aber: ‚Auferstehung ist', sage ich, und: ‚gib mir den Ostertrost und laß ihn laufen, den armen Teufel!' Ja, und dann hat er ihn laufen lassen und hat ihn nicht angezeigt. Aber so schnell ließ sich's gar nicht ‚heraussägen' und nicht herausschneiden, da war die Kommission schon da. Vielleicht war alles ein abgekartetes Spiel – er war eben in Ungnade gefallen und die Messer waren schon gewetzt. Nun stießen sie zu. Sie warfen ihn ins Gefängnis, sie folterten ihn. Mich ließen sie ein einziges Mal zu ihm – ach, kann ich's je vergessen? Geschrien hab ich, als ich ihn sah, obschon ich doch auf das Schlimmste gefaßt war; zuerst meinte ich, ein wildfremder Mensch sei es, den sie da zu mir brachten in den Besuchsraum, aber als er mich dann beim Namen nannte, da schrie ich auf und schlug hart auf die Steine. Und er, er war ein gebrochener Mann. ›Unterschreib‹, hab ich ihm gesagt, ›unterschreib alles, was sie verlangen, damit du hier herauskommst.‹ Sie haben ihn dann verurteilt, als Saboteur und Verräter, weil er im Dienst der Ausländer gestanden habe – ach, mein armer Fjodor! – zu zwanzig Jahren haben sie ihn verurteilt. Einmal hat er mir geschrieben, aus Jakutsk, und dann habe ich nichts mehr von ihm gehört, nichts mehr.«

Olga fuhr unterdes mit der Schürze bald über den Tisch, bald sich über die Augen, und ihre Brust hob und senkte sich in stoßender Bewegung. Aglaja stand auf und nahm ein gerahmtes Foto von der Kommode, das einen wohlgestalteten Mann mit strengem Gesicht in Uniform zeigte. Der Hintergrund war eher zerrissen als belebt durch die ausfahrende Strichzeichnung, die lange Jahre hindurch den »letzten Schrei« der sowjetischen Bildkunst darstellte und besonders revolutionär wirken sollte. Das Foto zeigte Spuren – von Tränen wohl und Küssen.

»Das ist er«, sagte Aglaja mit einem tiefen Seufzer. »Aber wer weiß, ob er noch lebt, sie hatten ihn greulich zugerichtet. Und hier« – sie reichte mir ein weiteres Foto, das einen kecken, fröhlich dreinblickenden Jungen zeigte – »haben Sie Rurik, – das einzige, was mir von ihm, von Fjodor, verblieb – außer der Erinnerung. Ich war damals wie betäubt und ging lange Zeit wie in einem bösen Traum umher. Aber leben mußte man, und Rurik war da, und er sollte in

Kürze auf das Technische Institut. So haben wir uns denn daran gemacht, meine Treue hier und ich, und haben den Garten allein bebaut, haben uns hier im Hause klein gemacht und vermietet; und so rackerten wir uns durch, bei allen Quälereien, denen wir von seiten dieser Parasiten ausgesetzt waren, dieser Wanzen, dieser Blutsauger! Genug, das Leben ging weiter, wenn auch der Stein immerzu auf meinem Herzen lag und – einen frohen Tag habe ich nicht mehr gehabt.

Zwei Jahre ging es so, aber dann, es war wieder Ostern, habe ich auch meinen letzten Trost verloren. Rurik besuchte nun ja das Institut. Schwer hat er's immer gehabt, als »Sohn eines Schädlings und Verräters«, und ständig lebte ich in der Angst. Eines Tages brachte er ein Buch nach Hause, auf dem Basar hatte er sich's erstanden für 70 Kopeken. Ich erschrak – das Buch war eine Bibel. ,Weg mit diesem Buch', sagte ich, ,es ist ein gefährliches Buch!'

Sie wollen sich bitte erinnern: es waren die Jahre, da sie die Popen mit Hunden hetzten.

Aber er, Rurik, warf das Buch nicht fort, er las, manchmal bis in die tiefe Nacht, und ich mußte ihm alles erklären und versuchte doch immerzu, es ihm auszureden. Er aber machte mir Vorwürfe: ,Mámuschka', sagte er, ,warum hast du mich in der Finsternis gelassen?' – In der Finsternis, ja, so sagte er. Und eines Tages brachte er Freunde mit, und sie lasen zusammen die Bibel, und wieder hatten sie Fragen an mich. Ach, welche Angst hatte ich um den Jungen, welche Angst! Ich bin gelaufen, Kerzen habe ich gekauft, richtige Wachskerzen – wie schwer war es, welche zu finden damals! – und habe mich in die Höhlen unter der Lavra geschlichen und unter vielen Tränen die Kerzen geopfert für die heiligen Kiewer Väter, für Antonij, Feodossij und Warlaam, und für die Unverwesten dort, eine ganze Nacht lang habe ich mich einschließen lassen da und geweint – von Truhe zu Truhe, – aber das Unglück ist doch geschehen. Es kam, ich weiß nicht aus welchem Anlaß, zu einem Wortgefecht zwischen den Studenten, und er und seine Freunde bekannten ihren Glauben an Christus. Der NKWD[9] nahm sich des Falles an – o mein Gott, mein Gott, warum hast du ihn mir genommen?

Am Ostertag – wir standen im Garten und hielten der Sonne unser Gesicht hin – so ein warmer Tag war es, so ein honiggoldener, süßer – und freuten uns an den knospenden Birnbäumchen, und Rurik streichelte meine Hand, ach, wie so ganz anders, wie so herzlich war er geworden zu mir in den letzten Wochen, und er sagte: ‚Er ist auferstanden, Er ist wahrhaftig auferstanden' – in der Nacht war er fort gewesen, heimlich, und wollte mir gerade erzählen – da seh ich – barmherziger Gott! – über den Holzsteg sehe ich zwei Gestalten kommen; er schwankte, und auf einmal schwankte die ganze Welt. Und da standen sie schon, die Entsetzlichen, vor uns. ‚Sind Sie Rurik Jefimenko?' ‚Der bin ich.' – ‚Dann kommen Sie mit, machen Sie kein Aufsehen, es ist nur für eine kurze Besprechung! Sofort!' – Ach, wir kannten diese Besprechungen, wie gut kannten wir sie! Rurik küßte mich – ‚ach Rurik, Rurik, mein Sohn' – ‚Tapfer, Mámuschka', flüsterte er, ‚tapfer! Christus ist auferstanden!' – Es war sein letztes Wort und sein letzter Kuß, ach Rurik, Kind meines Schoßes! – An das Brückengeländer habe ich mich geklammert, als sie ihn fortführten, und nie mehr, nie mehr habe ich ihn gesehen!«

Die Erzählerin schwieg, wie versteinert vor sich hin starrend. Ich war in meiner Erschütterung keines Wortes mächtig. Olga saß in ratloser Bestürzung da und verkrampfte die Hände ineinander.

»Verzeihen Sie«, sagte Aglaja, als sie nach einer lastenden Pause das Wort wieder ergriff, »verzeihen Sie einer armen Mutter! Wieviel Weh, wieviel blutiges Weh, wohin du auch schaust! Strafe Gottes über unserm Land! Habe ich Rurik zu sehr geliebt? Gott hat ihn mir genommen.

Sie haben ihn verurteilt, ihn und seine Freunde, ‚wegen organisierten Widerstandes und verbotener religiöser Propaganda'. Tag für Tag bin ich zum Gefängnis gelaufen, um ihn wenigstens noch einmal zu sehen. Nein, nichts, sie haben sie wohl in der Nacht fortgeschafft.

Und seither, sehen Sie, seither liegt der Stein mit doppeltem Gewicht auf meinem Herzen, und darunter liegt Er begraben, Christus; ach, und wann werden die Engel wieder kommen, wann wird Er auferstehen über diesem unglücklichen Rußland?«

Hier nun fing ich, zu meiner eigenen Verwunderung, zu sprechen an. Aber so sehr ich heute in meiner Erinnerung grabe und bohre: richtig wiederzugeben, was ich damals sagte, ist mir nicht mehr möglich. Es war nun freilich so, daß mir die Worte von anderswoher zuflossen, ohne daß ich sie selber recht begriff. Aber ungefähr waren es diese: Er wird auferstehen, auch in Rußland. Er ist schon auferstanden, und mag der Stein über Seinem Grab noch so schwer sein, niemand kann Ihn hindern. Haben Sie nicht selbst versucht – und wer wacht eifersüchtiger als ein Mutterherz! –, Ihrem Sohn den Zutritt zu Seinem Licht zu verwehren? Und doch ist Christus auferstanden in ihm und seinen Freunden, diesen tapferen Zeugen. Sie aber haben Rurik nicht verloren: ich spüre es, er ist hier unter uns, er ist da, Ihr Engel, der Ihnen den Stein vom Herzen wälzt. Ich sehe ihn, wie er Ihnen die Arme um Ihren Hals legt und sagt: Mutter, liebste Mutter, vertraue Ihm doch und sprich mir nach: Mein Herr und mein Gott!

Das ungefähr sagte ich, und doch, das war es nicht, es war

größer, von weither. Ich hatte dabei, mir selbst unbewußt, mit beiden Händen Aglajas Hand ergriffen. Sie sah mich unverwandt an, aber ihr Blick ging über mich hinaus. Plötzlich begann ihre Hand heftig zu zittern – dann riß es sie hin. Mit dumpfem Laut schlugen Arme und Kopf auf den Tisch, und ein Schluchzen, ohne Widerstand, schüttelte den ganzen Körper. Olga sprang auf in grenzenloser Verwirrung; die Hände erhoben und die Schultern hin und herwiegend, so schaute sie auf die Weinende. Dann kniete sie neben ihr nieder und begann, sie zu streicheln. Aber Aglaja wehrte ab, sehr sanft, wie mir schien, und Olga rutschte, Knie für Knie, zurück bis an die Kommode, kein Auge von ihrer Schwester wendend.

Das Schluchzen wurde stiller, immer seltener zuckten die Schultern. Schließlich erhob Aglaja das Gesicht aus den Händen und sagte, die großen, immer noch überquellenden Augen in die Ferne gerichtet, sehr leise und bestimmt: »Da, waístinu waskrés!«[10] Dann erhob sie sich und ging aus dem Zimmer. »Prastitje, bátjuschka, prastitje!«[11]

Als sie wiederkam, das Haar geordnet, war ein neuer Glanz in ihrem Gesicht. In den Händen trug sie einen verhüllten Gegenstand. Wortlos befreite sie ihn aus der Umhüllung und zeigte ihn mir: es war die uralte »Ikone des Erbarmens«, auf der das Christuskind seine Arme um den Hals der Mutter schlingt, und ihre großen Augen sind voll von unendlicher Trauer und unwiderstehlicher Zärtlichkeit.

Während ich das Bild betrachtete, stieg die Hausherrin auf die Kommode und machte sich mit einem Messer oder einer Feile an dem Verputz der Zimmerdecke zu schaffen. Sie ließ sich die Ikone reichen – sie paßte genau zwischen die drei Kloben, die sie freigelegt hatte, und hing nun, etwas vornübergeneigt, an der gleichen Stelle, wo sie vielleicht ein Jahrhundert lang verehrt worden war. Immer noch schweigend, stieg Aglaja herab, griff aus einer Schublade drei der sehr schlanken Kerzen, wie sie in Rußland üblich sind, und entzündete sie unter der Ikone.

Olga hatte die Bewegungen ihrer Schwester mit der gespanntesten Aufmerksamkeit verfolgt. Als nun die Kerzen mit ihrem warmen Licht die dämmrige Stube belebten, löste sich die angestaute Spannung in einem Ausbruch kindhafter Freude. Sie klatschte in die Hände, tanzte vor der Ikone auf und ab, schlug die Arme um den Hals ihrer Schwester und rief ein ums andere Mal: »Christos waskrés, Christos waskrés!«

»Nun laß gut sein, meine Liebe«, sagte Aglaja schließlich. »Siehst du nicht, der Tee ist kalt geworden! Ja, was sind wir auch für Wirtinnen!«

Als ich mich von den beiden Schwestern mit vielem Danken verabschiedet hatte, stand ich ein Weilchen still auf der schwankenden Holzbrücke, dort, wo einst wohl Aglajas zitternde Hände die rissige Planke umklammert hatten. Ich schaute die Straße hinauf, auf der sie ihren Sohn fortgeführt hatten, und schaute hinüber zu dem goldenen Kreuz des großen Lavra-Turmes, das über den Lehmbunkern unseres Lagers in der Abendsonne funkelnd erstrahlte. Plötzlich hörte ich Schritte hinter mir. Es war Olga, die, in jeder Hand einen großmächtigen Apfel haltend, eilig herbeitrippelte. Mit verschmitztem Lächeln und freundlichem Gurren stopfte sie mir beide in die Taschen. »Aber sagen Sie nichts! Um Gottes willen, sagen Sie nichts meiner Schwester Aglaja!«

Das Zeichen

Dreimal habe ich es gesehen, mein Zeichen. Das erste Mal am 12. Juni 1944.

Es war mein letzter Urlaubstag zu Hause, ehe ich wieder an die russische Front mußte. Ein unwiderstehlicher Drang war plötzlich in mir aufgebrochen, noch einmal das Bild der Heimat in mich aufzunehmen, ehe ich Abschied nahm, wer wußte auf wie lange. Als müßte ich mit den Augen noch einmal alles in mich hineintrinken, was so groß war und so vertraut: die Wellen der Höhen zwischen Schneifel[12] und Ardennen, das gewaltige Tor, das die Prüm öffnet hinunter in den Bedgau, die Kraterkuppen, die herübergrüßen aus dem Dauner Bering, die flimmernde Glut über Kornfeldern; Bäche, heraufblitzend aus smaragdenem Grunde, Wälder, im Unendlichen verblauend. Wie ein Rausch war es über mich gekommen, diese Landschaft und alles Lebendige in ihr noch einmal mit den Augen zu liebkosen, ihren würzigen Duft mit den Lungen aufzunehmen. Jahr um Jahr war mir bewußter geworden, daß die Linien dieser Höhen und Gründe die Linien meiner Seele waren, und ich spürte, daß es eine lange Trennung geben würde.

Nora, von meinen jüngeren Schwestern eine, machte große Augen, als ich sie bat, mit mir ins Tal der Irse hinüberzufahren, zu lieben Bekannten, denen ich noch einen Besuch schuldig sei. Das war mit dem Fahrrad eine Stunde

Weges, und es war schon um die Vesperzeit. Meine Schwester befand sich nicht in der Sommerfrische und hatte für den Urlauber noch manches herzurichten, aber mein Ungestüm war so groß, daß sie schließlich ja sagte. Nachdem wir, unsere Räder schiebend, durch den Wilmesbüsch zur Höhe der Wasserscheide zwischen Prüm und Our hinaufgestiegen waren, lag die Straße frei vor uns – wir fuhren und schauten. Ich war wie trunken von all der Schönheit. Die Lerchen trillerten über Mohn und Kornraden, der Sperber kreiste über den sattleuchtenden Ginsterhängen, Heckenrosen schmiegten sich um die ernsten Wegkreuze. Wir fuhren und schauten und sangen:

Ach, wie ist's möglich dann,
daß ich dich lassen kann ...

An diesem Nachmittag habe ich das Lied endlich zur Gänze gelernt, über dem ich zwei Jahre vorher meine Schwester im Garten ertappt hatte. Inzwischen war sie dem angetraut, dem damals ihr verstohlenes Lied gegolten, aber der Krieg sorgte dafür, daß Scheiden und Meiden so bald kein Ende nahm.

Wär ich ein Vögelein, bald wollt' ich bei dir sein,
flög über Berg und Tal bis hin zu dir ...

Wir ließen ein kleines Dorf mit behäbigen Gehöften hinter uns, der Blick öffnete sich ins klüftereiche Tal der Irse. In großen Schleifen schwangen wir abwärts. Bald grüßte das Kirchlein auf dem Felsen und aus den Bäumen die blanken Häuser. Mit herzlichem Willkomm empfingen uns unsere Freunde, aber die Freude des Wiedersehens war überschattet vom Ernst der Stunde.

Als wir auf dem Heimweg die Höhe wiedergewannen, hatte sich die Sonne mit leichtem Gewölk umzogen. Und nun sahen wir es. Gut eine Handbreit rechts neben der Sonne zeigte sich, ihr zugewandt, ein Lichtbogen, der mehr und mehr an Helle gewann und die Farben des Regenbogens erkennen ließ. Es handelte sich um einen unvollständigen Sonnenhof. Diese Naturerscheinung, auch Halo genannt, ist nicht gerade sehr selten, aber mir war sie bis dahin noch nicht begegnet oder doch nicht aufgefallen, meiner Schwester ebensowenig. Fast auf dem ganzen Heimweg stand uns das leuchtende Gebilde vor Augen. Ehe wir von der Höhe ins heimatliche Tal abbogen, sagte ich, einer plötzlichen Eingebung folgend: »Wollen wir es als ein gutes Zeichen nehmen!«

Meine Schwester sah mich ein wenig erstaunt von der Seite an, als wollte sie sagen: Für abergläubisch habe ich dich bisher nicht gehalten – du tust doch sonst ziemlich aufgeklärt! Sie wollte aber wohl keinen Streit anfangen und bemerkte nur: »Meinetwegen – wenn du meinst . . .«

Wir haben auch am nächsten Morgen gesungen, als wir den Weg zur Bahnstation im Alftal hinunterschritten. »Du bist aber bestimmt der einzige, der auf diesem Wege singt«, sagte meine Schwester.

Sechs Wochen später sang ich nicht mehr. Ich befand mich, an der Ruhr erkrankt, hinter Stacheldraht.

Mit dem vielen, das in den Jahren der Gefangenschaft meinem Gedächtnis entfiel, hätte ich sicher auch die Begebenheit mit dem Halo vergessen, wenn ich ihn nicht noch zweimal gesehen hätte, und zwar unter Umständen, die ihn erst recht zum Zeichen machten.

Das zweite Mal also sah ich ihn am 21. Februar 1946. Warum ich das Datum so genau behalten habe, wird der Leser sogleich verstehen.

Wir hatten den furchtbaren ersten Lagerwinter in Kiew überstanden, freilich nur die Hälfte der Belegschaft – die

anderen lagen im Massengrab. Nun würden wir bald über unsern zweiten Winter sein. Der Körper hatte sich gekräftigt; die Hoffnung auf baldige Heimkehr aber war mehr und mehr geschwunden.

Am 20. Februar wurde ich mit zwei Kumpeln dem russischen Lagerfurier zugeteilt, um in dem rund 120 Kilometer entfernten Kreis Iwankow Kartoffeln zu holen. Wir freuten uns: die Fahrt auf dem Lastwagen, die Gewißheit, zwei Tage lang Stacheldraht und Bajonette nicht sehen zu müssen, die Aussicht auf ein Gespräch mit Zivilisten bedeutete für uns einen Schimmer von Freiheit. In bester Laune stiegen wir auf – es war frostklares Wetter. Aber je weiter wir nach Norden kamen, desto mehr überzog sich der Himmel, und es begann zu schneien. Wir saßen, unser kärgliches Glück genießend, unter der Wagenplane, die Beine in Säcke gesteckt, und schauten rückwärts in den Flockenwirbel. »Wenn es so weitergeht«, meinte einer, »dann schneien wir ein.« Was wäre mehr zu wünschen gewesen! Die Flocken fielen immer dichter, die Wälder und Hütten versanken im lautlos strömenden Grau, und die Räderspur zeigte schon eine beträchtliche Tiefe.

Als wir in unserm Kolchosendorf anlangten, war es späte Nacht. Das Schneien ging weiter, und Sturm hatte eingesetzt. Als Quartier wurde uns eine Kate zugewiesen, in der eine Frau mit ihren zwei Kindern hauste. Es war ungemütlich kalt darin. Die Chosjaika entschuldigte sich – bei diesem Wind aus Nordwest könne sie kein Feuer machen. Sie versuchte es dann doch, aber der ärmliche Raum war bald so voller Rauch, daß sie es aufgeben mußte. Auf einer Strohschütte streckten wir uns aus, dicht nebeneinander. Der Sturm heulte um das Haus, die Kälte kroch uns in die Glieder. Und doch umfing mich ein wohliges Gefühl: wir waren außerhalb des Lagers, und kein Posten stand vor der Tür.

Der Morgen schaute durch die gefrorenen Scheiben herein. Ich erhob mich und trat vor die Kate. Die ganze Welt schien auf der Flucht zu sein. Der Schnee stob in jagenden Schleiern vorbei, die benachbarten Hütten tauchten auf und unter wie schwankende Schiffe. Hinter jeder häufte sich ein Berg von Schnee: Kein Zweifel, wir waren eingeschneit. Ich weckte die Kameraden mit der guten Neuigkeit. Während sie sich aus Säcken und Stroh herauswühlten, stand ich am Fenster und verrichtete mein Morgengebet. Ich dachte an die Lieben zu Hause, insbesondere an meine Schwester Nora, die just an diesem Tag ihr Namensfest feierte. Ob sie wohl spürte, daß ich noch am Leben war?

Um uns etwas aufzuwärmen, gingen wir zu einer Nachbarhütte hinüber. Bald hatten wir Freundschaft mit den gutmütigen Leutchen geschlossen, zumal mit dem kleinen Jascha, mit dem ich allerlei Turnübungen ausführte. »Lowko, lowko!« rief er ein übers andere Mal: »So ist's schön!« Sogar zum Frühstück luden sie uns ein, wobei sie die Kartoffeln stellten, wir das Brot, für sie ein ungewohnter Leckerbissen. Schon monatelang hätten sie keines mehr gesehen.

Ein richtiger Landser tut nichts ohne Befehl. Aber gegen 10 Uhr hielt es mich doch nicht mehr, ich machte mich auf den Weg zum Furier, mich durch die weißen Wälle durchkämpfend. Unser Wagen stand neben dem Haus, im Schnee vergraben. »Wann fahren wir denn endlich«, fragte ich mit kaum verhohlener Belustigung.

»Tschort snajet! – Das weiß der Teufel! Wie soll denn bei dem Wetter ein Mensch losfahren!«

Der Feldwebel hatte offenbar keine Eile, er war angelegentlich mit einem drallen Geschöpf befaßt. In bester

Stimmung begab ich mich zum Quartier zurück. Der Sturm hatte sich plötzlich gelegt, die ganze Welt strahlte in blendendem Weiß. Vor der Sonne stand eine leuchtende, gegen das tiefste Blau scharf abgehobene Wolkenwand. Ich betrachtete sie und stehe auf einmal still – glückseliges Erschrecken: Da ist es ja wieder, das Zeichen! Gut eine Handbreit neben der Sonne ein Kreisausschnitt in wässerigen Regenbogenfarben. Und heute ist der Namenstag meiner Schwester!

Ich sah auf einmal eine andere Landschaft vor mir: weitgeschwungene Höhen, wogende Ährenfelder und blauschattige Schluchten. Und ich hörte eine Stimme ganz deutlich:

Wär ich ein Vögelein, bald wollt' ich bei dir sein,
flög über Berg und Tal bis hin zu dir!

Es fehlte nicht viel, und ich wäre im Schnee auf die Knie gesunken.

Drei schöne Tage haben wir noch in unserer Wahnfreiheit verlebt, bis wir mit erfrorenen Kartoffeln im Lager unterhalb des Lawraklosters anlangten. Golden leuchtete das Kreuz auf dem gewaltigen Turm, der den Dnjepr und die weite Ebene des östlichen Flußufers beherrscht. Ich brachte etwas mit, das viel kostbarer war als die so dringend benötigte Nahrung des Leibes – es gab mir Zuversicht auf lange Zeit.

Tapferkeit in einem jähen Aufschwung zu beweisen, und mag die Belastung dabei auch unerhört sein, ist wohl leichter für das Menschenherz, als die Tapferkeit der unendlichen Geduld aufzubringen, die Tag für Tag und Jahr für Jahr den Weg der tödlichen Langeweile gehen muß. So verlangt eine Wanderung durch das Gebirge zuzeiten wohl größere Anstrengung; sie bringt dafür aber auch den leichten Abstieg und immer neue Bilder mit sich, während die Eintönigkeit einer Ebene weniger die Füße, wohl aber das Herz überwältigt und müde macht. Wenn wenigstens in der Ferne ein Zielpunkt sichtbar wird, und mag er noch so weit entfernt sein: ein Baum, ein Kirchturm, ein Hügel!

Wir waren Wanderer ohne Ziel. Zu oft betrogen, wagte das Herz nicht mehr, an die Erlösung zu glauben, und wollte es einmal aufhüpfen bei einer neuen Parole, so gab man ihm selbst einen Dämpfer: es größeren Schwingungen auszusetzen, war gefährlich. Auf dem sonst so reichen Instrument des Lebens spielten wir nur noch ein paar Töne, mancher nur einen einzigen. – Eines Tages hatte sich auf dem frischgeteerten Dach unseres Erdbunkers eine Lerche verfangen. Es wär jämmerlich anzusehen, wie sie immer wieder flatternd die Flügel ausstreckte, zuletzt nur noch den einen, und dabei mehr und mehr in das heimtückische Element versank. Ich besorgte mir eine Schwarte, um zu dem armen Tierchen hinzugelangen, und zog es aus der zähen Masse. Wie rasend schlug das kleine Herz in meiner Hand. Vorsichtig reinigte ich die feinen Füßchen und Federn mit Benzin und gab dem Vögelchen dann die Freiheit. Es blieb ruhig noch eine Weile im warmen Nest meiner ausgestreckten Hand sitzen – ich spüre heute noch, wie tief mich das beglückte –, hob dann seine Flügel und war in geradem Strich über den Stacheldraht hinweg und im jenseitigen Maisfeld verschwunden. Ich habe ihm noch lange nachgeschaut – »wär ich ein Vögelein!« –, bis sich drüben eine Lerche hochtirilierte in das Blau des Himmels.

Wir konnten nicht hinüberfliegen über den Stacheldraht; er umschloß uns enger und enger, er umkrallte unser Herz, zermarterte unsere Träume. Und bei vielen versank jeglicher Glaube und auch die innere Freiheit in der grauen Flut der Tage ohne Sinn und Ziel.

Aber dann kam endlich doch der Tag, der uns die Befreiung ankündigte: Sonntag, der 20. November 1949. Das war im Lager Grigorjewka bei Saporoshe. Die Aufstellung der Heimkehrerlisten war mit äußerster Geheimhaltung umgeben, doch hatte ich guten Grund zu der Annahme, daß ich diesmal dabei war. Meine Zuversicht erhielt einen Stoß, als ich gegen Mittag dem »Batailloner«, dem deutschen Arbeitsführer, begegnete. »Mach dir keine Hoffnung«, sagte er, »du bist nicht auf der Liste, ich weiß es genau. Die Russen lassen doch keinen fort, den sie noch notwendig brauchen.« Ich wußte, wieviel von den Versicherungen des Hamburgers, der vermutlich selber oft nicht wußte, ob er log oder die Wahrheit sagte, zu halten war. Aber sein Wort bedrückte mich doch, und der Eispanzer schien sich wieder um meine Brust zu legen.

Gegen vier Uhr mußte ich ins Dorf hinunter, um auf dem Straßenbaubüro die täglichen Aufstellungen vorzulegen. Als ich zum Lager zurückkehrte, sah ich es wieder, mein Zeichen: rechts neben der Sonne im Gewölk, links vom Lager über der flachen Anhöhe, über welche die Straße nach Westen zieht. Eine große Ruhe kam über mich: diesmal mußte es glücken!

Ich stand wirklich auf der Liste der 296 Heimkehrer – am Abend wurde sie verlesen –, allerdings nicht in der Reihenfolge des Alphabets, sondern als letzter.

Fünf Tage später befanden wir uns auf der Fahrt in die Heimat. Es war das herrlichste Wetter, ein verspäteter Altweibersommer. Millionen von seidigen Fäden umhüllten alles, Baum und Strauch und Steppengras, mit einem silbernen Schleier, wehten von den Telefondrähten herunter und wie Fahnen von den Wagen unseres Zuges. Es war, als wollte uns die ukrainische Erde festlichen Abschied bereiten, als wollte sie sagen: Vergeßt all das Bittere, ich bin es nicht schuld, sondern die Menschen; ich bin die gute, gute Erde. Und aus eurer harten Fron wird einmal ein Leuchten aufstehen, ein Leuchten so stark, wie euer Herz vertraut hat.

Dies waren die drei Male, daß ich den Sonnenhof gesehen habe. War es nun Aberglaube, war es ein dummer Einfall von mir, als ich jenes Wort zu meiner Schwester sagte, am 12. Juni 1944, oder hatte doch wirklich Gott mein Herz berührt? Ach, die Zeichen seiner Liebe stellt er täglich aus, aber unsere Augen sind zu selten offen. Er ist da, Er hält uns immerzu Seine Hand entgegen. Wir brauchen nichts zu tun als uns hineinkuscheln – wie das Vöglein in sein heimliches Nest.

Das Liebesmahl in der Steppe

In der Tat, Menschen sind im allgemeinen der Ort, wo der Mensch – ein erstes und dann viele Male – Gott begegnet. Wo anders könnte er der Liebe begegnen! Wer aber die Liebe – und das Erlebnis des Göttlichen – auf »Mitmenschlichkeit« beschränkt, täuscht sich selbst. Unsere naturhafte Selbstsucht weiß sich glänzend zu tarnen und schlüpft mit Vorliebe in das Kleid der Liebe – nicht zuletzt dies meint Christus mit den reißenden »Wölfen in Schafskleidern«. Nicht umsonst haben die Heiligen lebenslang einen erbitterten Kampf gegen die getarnte Selbstsucht geführt. Erst »als ihr eigener Wille schwieg«, schreibt Reinhold Schneider, »trug sie die Gnade der heiligen Mitte zu; hier aber wurden sie mächtig ergriffen von der Liebe, deren Wesen es ist, zu wirken. Diese Liebe drängte sie zu den Menschen zurück und begnadete sie mit einer neuen überpersönlichen Kraft.«

Diese überpersönliche Kraft habe ich einmal erlebt in einem Menschen, den die Flammen des Leids geläutert und ins Zentrum der Liebe hineingerissen hatten. Im folgenden will ich davon erzählen. Ich betone aber: es ist keine »Erzählung«, sondern ein in allen Einzelheiten zutreffender Bericht.

Wieder habe ich den trockenen bitterwürzigen Geschmack auf der Zunge, mit dem der in jener Gegend üppig wuchernde Beifuß die spätsommerliche Luft erfüllte. Wieder sehe ich über mir die schon zusammensinkenden

Feuerkränze der Sonnenblumen, die riesenhaft über die Strohdächer von Borispol hinauswuchsen, jede ein unergründliches Auge. Und abermals spüre ich das Zittern, das meine Hand befiel, als ich den Klopfer an jener Türe hob, hinter der, ich fühlte es, eine schicksalhafte Begegnung meiner wartete.

Lange Wochen hindurch hatte ich sie vorbereitet. Der Meßwein, den ich einer gnädigen Laune des früheren Lagerkommandanten verdankte, war trotz größter Sparsamkeit ausgegangen, und ich sah keine Möglichkeit, neuen zu erhalten, wenn nicht bei dem Popen der kleinen Steppenstadt, an deren Eingang sich die Erdbaracken unseres Lagers duckten. Aber ein Zusammentreffen mit ihm war gefährlich, weniger für mich als für ihn. Die sowjetischen Behörden durften auf keinen Fall Wind von der Sache bekommen, und das hieß zuerst: ich mußte unbemerkt zu ihm gelangen.

Was ich von den Kameraden über den Geistlichen erfuhr, konnte mich nur ermutigen. Er wohnte an der Hauptstraße, die sich durch den Ort hinzog, eine Stunde lang, an der gleichen, die auszubauen unser täglicher Frondienst war. Dieser letzte Umstand vergrößerte die Schwierigkeit, ungesehen sein Haus zu erreichen; denn ständig waren irgendwelche Arbeitsgruppen mit ihren Wachleuchten in der Nähe beschäftigt. Aber er selber schien sich um die Posten nicht eben viel zu kümmern; verschiedentlich hatte er mit den Njemzi gute Worte gewechselt oder ihnen Eßbares zugesteckt.

Nun, ich wollte den freundlichen geistlichen Herrn auf keinen Fall in Mißhelligkeiten bringen und begann, die günstigste Gelegenheit für einen Besuch auszuspähen, was nur mit viel Geduld ins Werk zu setzen war. Eine Möglichkeit bot sich an: Die Brigaden erhielten das Mittagessen draußen, an der etwa acht Kilometer langen Baustrecke, und wenn ich dem Essenfahrer als Begleiter beigegeben wurde, konnte ich jeweils sehen, wie die Dinge standen. Lagerkoch und Torwache mögen sich über meinen ziemlich plötzlich erwachten Eifer gewundert haben, aber die Wachhabenden fanden sich damit ab, und auch damit, daß ich meistens allein und zu Fuß zurückkehrte. Wenn man den ganzen Tag auf der Schreibstube hockt, so erklärte ich ihnen, brauche man Bewegung. »Tschort wosmi, pop, marschirui«, gähnten sie. »In Teufels Namen, Pope, marschiere soviel du willst!«

Schließlich und endlich kam der Tag, an dem ich mein Vorhaben ausführen konnte. Beim Hinausfahren stellte ich fest, daß die Straße beiderseits vom Pfarrhaus bis ziemlich auf Sichtweite von Arbeitsbrigaden frei war. Das niedrige, saubere Häuschen lag an einer Straßenecke – wenn ich von der Seitenstraße herankäme und schnell im Vorgarten verschwände, könnte ich unbemerkt hineingelangen.

Kurz hinter dem Ort bedeutete ich dem Essenfahrer, er möge die restlichen Brigaden allein versorgen, ich wolle lieber schon umkehren. Ein Weilchen verhielt ich, wie schon öfter, an der steingefaßten Quelle unter den fünf uralten Platanen, die mir immer wie ein erschütterndes Denkmal des alten Rußland vorkamen, einsam und mächtig, wie sie hier in der Öde durch ein wunderliches Geschick übriggeblieben waren. Dann ging ich auf Seitenwegen, die ich bereits kannte, bis zur Höhe der Priesterwohnung und schwenkte in die Querstraße ein. Nur Kinder beachteten den »Fritzen«, und in dem Augenblick, als ich den Riegel des Gartentörchens zurückschob, war kein Mensch in der Nähe. Pochenden Herzens stand ich im Windfang des stillen Hauses und ließ den Türklopfer fallen.

Eine dunkelgekleidete Frau in mittleren Jahren öffnete – sie erinnerte mich irgendwie an einen stillen Weiher oder einen sanft hinströmenden Bach. Sie gab keinerlei Zeichen des Erstaunens, als ich mich vorstellte und meinen Wunsch vortrug. Mit leisem Wort und verhaltener Geste führte sie mich auf eine kleine Diele, die ihr Licht durch die offenstehende Tür des Wohnzimmers erhielt. Das gegenüberliegende Fenster war mit sauberen Gardinen verhängt; auch sonst machte der Raum, soweit ich hineinsehen konnte, mit Läufern und Polsterstühlen einen durchaus bürgerlichen Eindruck. Und das grüngoldene Licht, das durch leise schwankende Zweige hereinfloß, umfing meine aufgeregte Seele mit einem tiefgründigen Behagen.

»Dobro posphalowatji!«

Was war das – hatte ich mich nicht verhört? Mit »Herzlich willkommen« hatte mich kaum je ein Mensch in diesem Lande begrüßt. Aber diese Worte hatte die Gestalt im langen Priesterrock gesprochen, die auf einmal im Türrahmen stand, lichtumflossen, und sich tief verneigte. Ich erwiderte den Gruß, bestürzt, mit einer ebensolchen Verneigung und begann, mein Anliegen vorzubringen. »Aber lassen Sie doch«, unberbrach mich der Greis, »lassen wir das bis nachher! Erst kommen Sie herein, kommen Sie, setzen Sie sich!« Er ergriff meine Hand und führte mich so ins Zimmer; zwang mich mit sanfter Gewalt auf einen der samtbezogenen Polsterstühle. »Und nun erzählen Sie, erzählen Sie, wie geht es Ihnen?«

Er setzte sich mir gegenüber, den linken Unterarm auf die Tischplatte stützend. Das herbstlich goldene Licht fiel auf das zerfurchte Gesicht eines Mannes von vielleicht siebzig Jahren. Schütterer Vollbart und ein weißer Haarkranz an den Schläfen umrahmten es. Eine Narbe zog sich schräg über die rechte Braue, die Nase schien ein wenig zur

Seite gebogen. Aber voll kam mir der Blick der grauen Augen entgegen, klar und in ruhiger Güte.

Ich brachte es nicht über mich, dem würdigen Greis meine Besorgnisse, die ihn betrafen, zu verschweigen. Er zerstreute sie mit leichter Geste. »Bleiben Sie nur, bleiben Sie! Was sollen mir schon die Spitzbuben! Jetzt sind Sie da, machen Sie sich's gemütlich bei uns! Und hier« – er prostete mir mit der wasserklaren Flüssigkeit zu, die die sanfte Frau auf einem Tablett hereingebracht hatte – »auf Ihre Gesundheit, na sdorowie!«

Brennend rann mir das »Wässerchen« durch die gänzlich entwöhnte Kehle, und fast im Augenblick verspürte ich die wohlige Wirkung. Aber mehr als das starke Getränk es tat, löste mir das sichere Gefühl die Zunge, mich endlich, nach so vielen Jahren, und was für Jahren, einem gütigen Menschen anvertrauen zu können. Im Lager hatte ich Freunde gefunden, gute Freunde, aber keinen Vater. Sie standen mit mir in derselben Armseligkeit, von mir erwarteten sie Tost. Nun saß ich in einem wohnlichen Zimmer, in einer richtigen guten Stube, und mir gegenüber das Urbild eines Vaters. Ich fing an zu erzählen. Von meinem früheren Leben, von meinen jetzigen Geschicken. Erzählte wie ein Sturzbach. Und wie ein Sturzbach sich kaum um sein Bett kümmert, so übersprang, fürchte ich, auch meine Rede nur allzuoft die Regelzäune der schwierigen Sprache.

Aber er verstand mich. Und sprach mit der gleichen Offenheit von seinen Schicksalen, seinen Kümmernissen und Sorgen. Eben vor Ausbruch des ersten Krieges hatte er die Weihen empfangen, in den Jahren der Revolution dann die sibirischen Straflager und Gefängnisse kennengelernt – er entblößte die Handgelenke, sie zeigten deutliche Narben. »Da, sehen Sie, diese Ketten haben mich frei gemacht – von mir selber.« Auch die Entstellung seines Gesichtes stamme von Mißhandlungen. Seine zwei Söhne seien damals verschollen, und seine Frau – nein, die ihm den Haushalt führe, sei eine Angestellte, seine Frau hingegen.. »Sehen Sie« – er nahm ein gerahmtes Foto in Postkartengröße von der Wand – »das ist sie.« Das verbleichende Lichtbild zeigte eine junge Frau, die eine wahrhaftige Schönheit gewesen sein muß. »Sie ist mir nach Sibirien gefolgt, um mich zu suchen – hat mich nie gefunden, die Arme. Ich konnte nachher nur in Erfahrung bringen, daß sie umgekommen ist, verhungert wohl – und die Kinder – nun, Gott weiß es!... Ach mein Gott, in was für Zeiten leben wir!« Gegen Ende des letzten Krieges dann habe er zurückkehren können, nicht in seine Heimat, aber doch in den Dienst Gottes und der Seelen. Die Machthaber hätten, gezwungen von den Ereignissen, der Kirche eine gewisse Freiheit zugestanden, aus purer Berechnung natürlich. Er versuche nun, die verirrte und verwirrte Herde wieder um den Altar zu sammeln, aber es seien von hundert keine fünf, die zur Kirche kämen. In der Öffentlichkeit werben dürfe er nicht, und schon begännen sie, die geringen Freiheiten des Wirkens zu beschneiden. Die Konzelebration sei wieder verboten, nur zu zweit dürften sich die Geistlichen treffen. Agenten der Partei würden geweiht und als Pfarrer angestellt, als schamlose Horcher in Wirklichkeit. Kaum wüßten die Gläubigen, wem sie sich in der Beichte noch anvertrauen dürften. Außer von den unmittelbaren Nutznießern werde das herrschende System von allen abgelehnt. »Alles ist Betrug von unten bis oben« – so lautete sein summarisches Urteil über Regierung und Partei, ich habe es noch genau im Ohr: »Fßjo obmán ßnisu do werchú!«

Über solches sprachen wir, und auch über tiefere Dinge, wohl eine ganze Stunde lang. Und immer mehr fanden sich unsere Herzen zusammen in einem – ich kann es nicht anders nennen – in einem fließenden Licht, dem gleichen, das wie ein weißer See über Seinen Händen stand, als ER das Hohepriesterliche Gebet über Seine Freunde sprach, und beim Brotbrechen in der Herberge von Emmaus. Und wir spürten und erkannten Ihn, den Hohenpriester, mitten unter uns, seinen geweihten Jüngern.

Zwischendurch mußte ich mich gütlich tun an einem knusprigen Salzgebäck und an dem starken russischen Bier aus gedrungenen Flaschen. Aber die Zeit verrann, ich mußte ans »Heimgehen« denken. Ich erhob mich: ich müsse nun doch ins Lager zurück, und ich wolle die Güte seiner Hochwürdigkeit nicht länger in Anspruch nehmen. »Aber wie denn, Bruder, wo denken Sie hin!« Er drückte mich mit beiden Händen zurück auf meinen Sitz. »Eben wird das Mittagessen fertig, nein, das wäre ja noch schöner! Sie müssen mir schon die Ehre antun und an meinem bescheidenen Mahl teilnehmen.«

Woraus das »bescheidene Mahl« bestand, das nun die Haushälterin auftischte, will ich in einer bloßen Aufzählung mitteilen, mögen mir nun meine Hungergenossen aus damaliger Zeit glauben oder nicht. Es gab eine Vorspeise: mit Fleisch und Pilzen gefüllte Pirogen; es gab eine Borschtsch: Gemüsesuppe mit Hühnerfleisch und Paprika; es gab geräucherten Thunfisch, dann einen gewaltigen Hammelbraten und dazu Pirogen mit einer andern Füllung; es gab Kartoffeln, verschiedene Gemüse, Eingemachtes; zu allem das duftigste Weißbrot, das ich je gegessen. Wir tranken einen feurigen Wein von der Krim. Ich fiel aus einem Staunen ins andere und wußte nicht, worüber ich mich mehr wundern sollte: darüber, daß es im Nachkriegsrußland so etwas überhaupt gab, oder darüber, daß es so schnell und vorzüglich zubereitet werden konnte.

Soll ich zu beschreiben versuchen, in welche Wallung mein Gemüt mehr und mehr geriet? Ich sehe mich dazu außerstande. Als ich mich dann endlich, nach dem Dankgebet, doch verabschieden mußte – es war wieder mehr als eine Stunde vergangen, und ich hatte meinen Meßwein bekommen und die Taschen vollgepfropft mit allem, was eben hineinging –, da wußte ich nicht, wie ich meiner grenzenlosen Dankbarkeit Ausdruck verleihen könne. Der Priestergreis winkte ab und gab mir den Friedenskuß – »Dein Engel mit dir auf all deinen Wegen!« Aber nun, als ich in meiner Hand etwas Knisterndes spürte und bei verstohlenem Hinsehen einen Packen Rubelscheine erkannte, war es aus mit meiner gewaltsamen Beherrschung – ich schwankte, sank auf einen Stuhl und ...

Nun muß man folgendes bedenken: Schon in dem Riesenmahlwerk des Krieges waren wir als Menschen entwürdigt und wie Maschinenteile »eingesetzt« oder als Treibstoff »verheizt« worden. Die Gefangenschaft dann brachte die Entwürdigung in ein raffiniertes System und auch dem Ahnungslosesten die unaufhörliche Beleidigung ins Bewußtsein. Die elementarsten Sehnsüchte des Menschenherzens waren für unsere Ausbeuter weiter nichts als ein Posten in ihrer wirtschaftstechnischen Kalkulation. Keinerlei menschliche Achtung brachten sie uns entgegen, und glaubte man doch einmal daran, weil man so tiefwurzelnde Neigungen der menschlichen Natur nicht mit einem Ruck abschütteln kann, so sah man sich nachher erst recht mißbraucht und verhöhnt. Und auf allem klebte der falsche Wechsel auf ein kommendes Menschheitsglück, die schamlose Lüge, man könne mit erpreßtem Schweiß und blutigen Tränen die Mühlen einer schöneren Zukunft treiben.

So stand es damals.

Und nun auf einmal begegnest du in dieser klirrenden Eiswüste der Menschenverachtung, nachdem du dein Herz mit eisernem Panzer geschnürt hast und alle Brunnen deiner Seele vertrocknet glaubst, begegnest du in der Gruppe deiner Peiniger, wenigstens äußerlich ihnen zugesellt, einem Menschen. Du begegnest der unwiderstehlichsten Gewalt auf dieser Erde, der Güte. Du wirst von Minute zu Minute mit immer neuen Zeichen der lautersten Hochachtung und Zuneigung überhäuft. Du schaust an deiner schäbigen Montur hinunter und willst es nicht glauben, daß sie wirklich dir gelten, aber du siehst es und hörst es und spürst es. Glaubst du, lieber Freund, daß in einer solchen Stunde alle verschütteten Quellen in dir beben und zu klingen anfangen, daß du sie steigen und steigen fühlst, und daß es nur eines leisen Anstoßes bedarf ...

Mir jedenfalls stürzte ein Strom von Tränen aus den Augen, unwiderstehlich, unaufhaltsam. Die angestaute Not der harten Jahre war darin und die überwältigende Beglückung dieser von Gott angerührten Stunde. Vom Sturm geschüttelt, wie ein Blatt, willenlos – nicht anders fühlte ich meinen Körper. Aber dann legten sich Hände auf meine Schultern, auf meinen Scheitel, sanfte, tröstende Hände, und allmählich verebbte der Sturm in einer großen Stille. Noch klingen die herzlich-guten Worte in mir nach, mit denen mich der Priester, als ich mich wieder in der Gewalt hatte, zur Tür geleitete. Und nie werde ich den Blick vergessen, der mich beim Abschied umfing, diesen Blick aus unendlichen Tiefen einer in Flammen geläuterten Güte.

Daß auch die Kraft des guten Weines ein wenig an meinem Zusammenbruch Schuld trug – warum sollte ich das in Abrede stellen! So recht spürte ich seine Wirkung erst, als ich mich nach einer schnellen, mir jede Besorgnis nehmenden Umschau auf den Weg zum Lager machte. Aber sie schwächte mich nicht, sie befeuerte mich. Die ganze Welt leuchtete mir von einem inneren Licht, das alle Dinge durchsichtig machte und verklärte. Die Sonnenblumen flammten wie barocke Monstranzen. In der heitersten Stimmung kam ich am Lagertor an. Der Posten hob kaum den Blick von seinem Schmöker, was mir bei meinen prall abstehenden Taschen durchaus recht war, und betätigte mit einer faulen Handbewegung den Gatterverschluß.

In einer heimlichen Ecke zählte ich nochmals meinen Schatz – ich hatte es natürlich unterwegs schon getan – es waren genau hundert Rubel. Hundert Rubel, das waren dreiunddreißig Kilo Brot, das waren zweiundzwanzig Liter Milch, das bedeutete Leben. Zärtlicher noch streichelte ich die Flasche mit dem roten Wein – er würde vielmals Christi Blut werden und, zusammen mit dem Weizenbrot, göttliches Leben für mich und für alle, die in dieser gnadenlosen Wüste danach hungerten.

Das also war mein Liebesmahl in der Steppenstadt. Ich werde es nicht vergessen, mein Leben lang. Und jedesmal, wenn ich daran denke, heute noch, quillt mir etwas in die Augen.

Mein Eifer aber im Essenfahren, das sei noch angemerkt, ließ in der Folge beträchtlich nach.

Gott schreibt gerade auch auf krummen Zeilen

Von dem kleinen Fenster neben der Tür schickte die Sonne einen scharf umrissenen Strahl, beinahe waagrecht, durch den Bunker bis hin zu dem Kreuz, das durch den Stütz- und Querbalken des Giebels gebildet wurde. In der Lichtbahn tanzten einige Mücken; ihr leises Summen schwoll hier und da zu einem zornigen Ton an, aber das währte nur Augenblicke.

Ich lag rücklings auf einer der beiden Pritschen und starrte an die Decke. Ich betete den Rosenkranz an einer Schnur mit aufgereihten Maiskörnern.

Nach einem letzten Zittern erlosch der Strahl, wie von einer sanften Hand fortgewischt. Ich setzte mich auf und griff unter das Kopfende des schwindsüchtigen Strohsacks. Eine Aktentasche unbestimmter Farbe kam zum Vorschein. Sanft betastete ich mit meiner Hand das abgescheuerte Leder, öffnete das Schloß und breitete einige in dieser Umgebung fremd wirkende Gegenstände auf dem rohgezimmerten Tisch aus, der die Mitte des Raumes einnahm. Eine Kladde, in einen Atlasstoff gebunden; drei Bücher; die Hälfte einer Brillenscheide, aus der einige Stifte hervorschauten; ein paar Tüchlein – sie waren in einen starkfädigen Leinenstoff eingeschlagen, der nun, entfaltet, auf der Innenseite eine kunstvolle Stickerei zeigte: den Gekreuzigten an einem grünenden Baum, umgeben von anbetenden Engeln. Ich strich die Bruchfalten glatt, so gut es ging, und entnahm der Tasche einen Kelch, dessen Kuppe aus Messing gehämmert, dessen Fuß aus Holz geschnitzt war. Er fand seinen Platz auf der Stickerei, zu Füßen des Gekreuzigten.

Ich war allein in dem niedrigen Erdbunker, der tagsüber als Schreibstube, nachts als Schlafraum diente. Mein junger Kollege war nach dem Abendessen zu irgendwelchen Kameraden gegangen; denn es mußte ihn bedrücken, mit mir zusammenzusein, von dem das ganze Lager annahm, daß ich an einem der nächsten Tage den Weg nach Sibirien antreten mußte, oder in den hohen Norden in irgendein Straflager.

Sie hatten allen Grund zu dieser Annahme. War nicht am Vormittag das Urteil über mich gesprochen worden? »Die machtvolle Faust des großen Sowjetvolkes wird den Pfaffen zerschmettern, diese stinkige Wanze!«, so hatte der »schwarze Christoph«, der Leiter der »Antifa«, ausgerufen. Viel Aufwand, dachte ich bitter, wo doch das Leben eines Plenni, auch jetzt noch, im Sommer 47, an einem Faden hing. Der Stich einer Gabelmücke oder eine kleine Amöbe genügte, um einen derart erschöpften Körper zu Fall zu bringen. Bei manchem genügte wohl auch das Bewußtsein, nichts als ein winziges Insekt in dieser unheimlichen Faust zu sein, deren Schatten überall war, deren Druck keinen Augenblick nachließ, nicht im Wachen und nicht in den nächtlichen Träumen.

Die »Antifa« war allen russischen Kriegsgefangenen ein Begriff. Er leitet sich her von Antifaschismus und war eine sowjetisch-kommunistische Tarnorganisation. Sie diente der politischen Umschulung der deutschen Kriegsgefangenen, genannt Plennis, und der Förderung ihrer wirtschaftlichen Produktivität. Bei der in der Hauptsache von deutschen Offizieren gebildeten Zentrale in Moskau erschien eine Zeitung, zuerst unter dem Titel »Freies Deutschland«, dann, etwas bescheidener, »Nachrichten für Kriegsgefangene«.

Wer auf irgendeinen gehobenen Posten im Lager spekulierte, etwa Koch oder »Kompanieführer«, mußte sich unbedingt bei der »Antifa« verdient machen. Dies war für mich nicht der Fall, da ich meine Stellung als Schreibkraft der Lagerverwaltung allein der Tatsache verdankte, daß nach der Entlassung der Polen im Herbst 1945 die wenigen deutschen Kriegsgefangenen, die Russisch in Wort und Schrift beherrschten, »Mangelware« waren.

Nun, es würde Gottes Wille geschehen. Ich hatte an der Front und in den Lagern dem Tod so oft ins Auge geschaut, daß er mir fast vertraut war – und doch, das Leben glühte immer wieder in unbändiger Hoffnung auf, die Einübung ins Sterben war diesmal schwer. Auch der Abschied von Bsow würde schwer sein. Wunderlich, wie schnell der Mensch anwachsen, verwachsen, ein Stück Heimat finden kann, auch in der fremdesten Fremde! Die Holunderbüsche kamen mir in den Sinn, die jetzt, mitten im Juni, das Lager mit ihrem herben Duft überwogten; die hohen Schilfzäune, die jenseits des Stacheldrahts die Bauernkaten umfriedeten; der kehlige Gesang der Kolchosmädchen, der an den Abenden die unendliche Steppe erfüllte; die Freunde, die ich in den wenigen Wochen hier gefunden hatte, seit ich von Borisow in das Nebenlager abkommandiert worden war, um die Arbeitsverrechnung in Ordnung zu bringen; die hinter einer Bunkerwand geflüsterten Beichten, die Verzweiflung des jungen Bauern aus dem Allgäu, dem die Eltern die Untreue seiner Frau nicht mehr hatten verheimlichen können; die gespannte Aufmerksamkeit der Kameraden, wenn ich abends aus den zwei geretteten Schiller-Bänden vortrug ...

Und dann mein Mitarbeiter, dieser junge Adlige aus dem Baltikum, dessen Wesen und Name wie eine reine, starke Melodie war: Nicolay Pilar von Pilchau. Es war ein Geheimnis um den Zwanzigjährigen, das selbst die rohen Bewacher zu spüren schienen. Er war in jeder Lage gelassen, beinahe heiter, so wie es nur innere Sicherheit zu geben vermag. Alles fügte sich ihm leicht, nichts schien wirklich an ihn heranzukommen; eine Art erhabener Spott umgab ihn wie ein unsichtbarer Schild. Daß er Russisch ebenso beherrschte wie seine deutsche Muttersprache, war zu vielem gut.

Ja, auch ihn, den ich auf eine verwunderte und scheue Art liebgewonnen hatte, würde ich vermissen. Meine größere Sorge aber waren die Dinge, die ausgebreitet vor mir lagen. Werde ich sie behalten dürfen, werde ich sie durch die unvermeidlichen Filzungen bringen? Eigentlich töricht, darauf zu hoffen! Aber welche Erinnerungen hingen daran, und nicht nur Erinnerungen!

Das Neue Testament in Dünndruckausgabe würde für die russischen Landser immer verlockend sein, denn es eignete sich zum Zigarettendrehen und hatte mich 30 Liter Suppe gekostet. Beinahe hätte ich das Leben verloren, als ich nach der Gefangennahme die Aktentasche, gefüllt mit Verbandszeug für Verwundete, einem Russen verweigerte. Ein Offizier hatte das Gewehr beiseitegeschlagen, während der Schuß krachte. Die Kelchwäsche hatte ein lungenkranker Schneider aus Thüringen genäht, die Kelchkuppe ein Schlosser aus dem Wiedtal gehämmert. Die Silberstickerei, die ich als Kelchvelum und Altarkreuz benutzte, stammte aus dem Gottlosenmuseum in der Kiewer Lawra; sie hatte nach der Bombardierung unter dem Schutt gelegen, bis ungarische Kriegsgefangene sie ausgruben und mir heimlich zusteckten. Im Lawra-Kloster, vom Archimandriten, hatte ich auch den ersten Meßwein erhalten.

Ich dachte an die zwei Jahre zurück, in denen ich die heilige Messe hatte entbehren müssen. Die letzte hatte ich in Galizien in einer polnischen Kirche gefeiert, deren Pfarrer und Gemeinde in der nächsten Nacht zur Flucht aufbrechen mußten. Zwei Wochen später begann der Alptraum der Gefangenschaft. Es gab darin keinen Tag, an dem ich nicht die Meßtexte durchgebetet hätte in der verzehrenden Sehnsucht, die gewaltigen Worte wieder einmal über Brot und Wein sprechen zu dürfen. Anfang 1946 erfüllte sich mein Traum, in der abseits liegenden Banja des Lagers. Es war für mich wie eine zweite Primiz, erschütternder vielleicht als die erste. Drei, vier verschwiegene Freunde nahmen daran teil, unter ihnen der evangelische Fliegerleutnant aus Döbeln. Danach vollzog sich das Unsagbare öfter in dem mit Waschkübeln umstellten Raum, während der »Äppelwoiwirt« August aus Sachsenhausen als Banjachef[13] Schmiere stand. Zu Weihnachten brachte ein Überraschungsmanöver zum ersten Mal die Erlaubnis für eine öffentliche Meßfeier – die Antifa hatte mir das und einiges andere aber nie verziehen und mich bald aus Kiew in die »Knochenmühle« Borisow abgeschoben.

Hier fand ich einen älteren Politruk[14], einen politischen Leiter, vor. Er war ein gutmütiger Mensch, wenngleich auch nicht ganz auf dem Posten, und ein Antifa-Leiter, der einen ungeheuren Respekt vor jedem Studierten hatte. Der arrangierte einen Kuhhandel: Wenn der Pfarrer bei der »Kulturgruppe« mitmachte, sollte er alle vierzehn Tage Gottesdienst für das Lager halten dürfen. »Bolidik, Genossen, ihr versteht nichts von der Bolidik!«, so rechtfertigte sich der Vertrauensmann der Sowjets, der berüchtigte Herbert Krügermeier aus Chemnitz, vor den anderen Antifa-Leuten. Nun, für seine Politik war nichts abgefallen, mochte er sich das auch einbilden, um so mehr aber für den religiösen Hunger der Kameraden.

Einen Gegenstand nach dem andern nahm ich in die Hand. Würde ich mein kostbares Gut behalten dürfen? Würde ich auch in weiteren Lagern das Geheimnis des Glaubens vollziehen dürfen? Vielleicht brauchte mich Gott an anderer Stelle nötiger als hier? Immerhin, noch war die Entscheidung nicht endgültig gefallen. Der Lagerkommandant, ein Offizier jüdischer Abstammung, hielt große Stücke auf mich. Aber was hieß das schon! Ich hatte mehr als einmal erfahren, wieviel Verlaß auf die Gunst der Russen war. Soviel wie auf das Wohlwollen, mit dem ein Viehhändler ein Kalb taxiert.

Hatte ich vielleicht doch übereilt gehandelt, zu wenig an den Preis gedacht, den ich für mein Bekenntnis würde zahlen müssen? Hätte ich mich nicht ducken sollen, wie es alle anderen taten? Erwartete hier, in der völligen Unfreiheit, überhaupt jemand ein solches Zeugnis? Ja, es gab einen, der es erwartete von ihm, seinem Priester. Wieder fühlte ich die große, ruhige Stimme in mir, die mir in all der Erschütterung des Tages zugesprochen hatte! Fürchte dich nicht – ich bin bei dir! War es nicht diese Stimme selbst, die mich einfach hochgerissen hatte, als ich die Gotteslästerung anhören mußte?

Es war am Vormittag gewesen. Kurz vor der sonntäglichen Veranstaltung der »Kulturgruppe« war ich dem Antifa-Leiter begegnet. »Na, Pope, kommst du heute auch? Kannst ruhig kommen, wir bringen heute nichts von Politik.«

Ich war hingegangen und hatte mich auf eine der langen Schwartenbänke der »Kultur-Baracke« niedergelassen. Die Luft war heiß und stickig, die Darbietungen konnten sich mit denen im Hauptlager nicht vergleichen. Aufmerksam wurde ich, als der erste Sketch über die Bretter ging. Szenerie: eine Gastwirtschaft irgendwo im Westen, in der US-Zone. Personen: der Wirt und zwei entlassene Plennis. Handlung: Der Wirt soll von den Vorteilen der kommunistischen Gesellschaftsordnung überzeugt werden. Als er gelegentlich ausruft: »Um Gottes willen, wie stellen Sie sich das denn vor?«, entgegnet ihm der eine: »Was heißt hier »Um Gottes willen?« Dem alten Herrn haben wir die Existenzberechtigung längst abgesprochen.«

In diesem Augenblick hatte es mich hochgerissen. Ich stand auf der Bank und hörte mich rufen: »Ich verwahre mich aufs schärfste gegen diese Gotteslästerung und verlasse unter Protest die Veranstaltung.«

Die Köpfe fuhren herum, erstarrten. Die drei Männer auf der Bühne standen wie angewurzelt. Die Stille hielt an, bis ich die Tür erreicht hatte. Ich sah eben noch, wie Christoph Schürmann auf die Bühne sprang.

Er hatte getobt wie ein Wilder und mit Drohungen nicht gespart. Nach dem Mittagessen hatte ich ihn aufgesucht, um ihm meinen Standpunkt darzulegen und vielleicht Verständnis zu finden. Ohne Erfolg. Er verletze seine Pflicht, hatte Schürmann geschrien, wenn er den Vorfall nicht weitermelde. Es war ihm anzusehen, wieviel hämisches Vergnügen ihm diese Pflicht bereitete.

Ich griff nach dem schmalen Büchlein und schlug Lukas 12 auf. Hatte der Herr nicht auch an mich gedacht, als er sprach: »Euch, meinen Freunden, sage ich: Fürchtet nicht jene, die den Leib töten können, aber weiter nichts vermögen...« Die Worte sanken in mich ein wie ein belebender Trank. »Und ich sage euch, wer mich vor den Menschen bekennt, den wird auch der Menschensohn vor den Engeln Gottes bekennen.« Waren sie nicht wieder um mich, die Flügel, die ich so oft gespürt? Ich ließ mich auf die Knie nieder und griff zu dem Rosenkranz aus Maiskörnern, den ich den ganzen Tag kaum aus der Hand gelassen hatte. Ich flüsterte uralte Worte, mit denen das Vertrauen der Christenheit die Mutter des Herrn bestürmt: Memorare, piissima virgo Maria ... Ave, maris stella ... Salve regina, mater misericordiae, vita, dulcedo, et spes nostra, salve ..

Als Nicolay Pilar von Pilchau eine Weile später den Raum betrat, war ich längst auf meiner Pritsche eingeschlafen. Er verwunderte sich.

Der nächste Tag brachte eine denkwürdige Überraschung. Kurz vor Mittag erschien auf einem Lastwagen der gefürchtete Herbert Krügermeier, der inzwischen zum Antifa-Leiter der ganzen Lagergruppe befördert worden war und in Kiew residierte. »Hermes, komm mit«, rief er in die Schreibstube hinein, »werd mal Ordnung schaffen in dem Saustall hier.« Und schon stapfte der kleine Mann über den sandigen Platz, seine schwarzglänzenden Stiefel mit einer imaginären Gerte peitschend. Ich hatte Mühe, ihn einzuholen. Zusammen betraten wir den Antifa-Raum. Der schwarze Christoph und ein weiterer Antifa-Mann schnellten auf: »Guten Morgen, Herbert!«

Herbert Krügermeier erwiderte den Gruß nicht und griff nicht nach der dargebotenen Hand. Wortlos schaute er sich um in dem getünchten Raum, wortlos schritt er zu dem Schrank mit Büchern und Sportgerät und knallte die Tür zu; dann griff er die auf dem Tisch liegenden »Nachrichten für Kriegsgefangene« und rollte sie zu einer Röhre zusammen. Christoph starrte ihn verdutzt an. Herbert Krügermeier trat ans Fenster und schaute hinaus, mit der Zeitung an seinen Stiefel klopfend. Dann begann er mit leiser Stimme, ohne sich umzuwenden: »Schürmann, weißt du, was du bist? Weißt du, was du bist? Eine politische Null bist du!« Hier wandte er sich um und brüllte: »Eine politi-

sche Drecksau bist du!« Er setzte dem Entgeisterten die zusammengerollte Zeitung auf den Bauch. »Wie kannst du es wagen, meinen Freund Hermes anzuschwärzen? Weißt du nicht, wo wir hier sind? Wir sind hier nicht bei Hitler, wir sind hier nicht bei der SS, verstanden? Wir sind hier in einem freien Land, wo jeder nach seiner Fasson selig werden kann. Weißt du nicht, daß die sowjetische Verfassung die religiöse Freiheit garantiert? Macht nicht so'n Bocksmist in eurem Saustall hier, dann werdet ihr mit meinem Freund Hermes schon zurechtkommen. Ist das klar, Schürmann?«

»Ja … aber …«

»Was heißt hier ‚aber'? Wenn ich was sage, gibt's kein Aber. Merk dir das! Übrigens, Schürmann, deine Berufung an die Antifa-Schule kannst du dir an den Hut stecken.« Er wandte sich mir zu und reichte mir grinsend die Hand: »Zufrieden?«

Das Aufsehen im Lager war ungeheuer. Auch ich hatte nicht im mindesten an eine solche Wende gedacht, zumal ich geglaubt hatte, Schürmann habe die Meldung an den NKWD gemacht. Aber der hatte, als guter Deutscher, seinen Dienstweg eingehalten. Trotzdem, es war wie ein Wunder. Herbert Krügermeier war Atheist, wenigstens sagte er das immer; von einer wirklichen Freundschaft zwischen ihm und mir konnte keine Rede sein. Vielleicht war ihm die Gelegenheit gerade recht gekommen, Schürmann eins auszuwischen, vielleicht ging es ihm nur darum, seine Macht zu zeigen – solche Auftritte liebte er über die Maßen.

Mochte es nun sein, wie es wollte, ich schrieb den Ausgang der Sache niemand anderem als der gütigen Vorsehung Gottes zu, und den ganzen Tag ging mir der Satz aus dem Buch der Sprüche nicht aus dem Kopf: »Sicut divisiones aquarum – wie Wasserläufe ist des Königs Herz in der

Hand des Herrn; er lenkt es, wohin immer er will.« Wenige Wochen später wurde ich zurückversetzt nach Borisow, wo ich die Gottesdienste wieder aufnehmen konnte.

Die Dolmetscherin des Lagers, die meine Predigten, ohne dafür sonderlich qualifiziert zu sein, kontrollieren mußte, äußerte eines Tages im Kreis der »Antifa«: »Nein, er hat nichts Gefährliches gesagt. Er hat ja immer nur von einer Frau gesprochen, von dieser Frau namens Maria.«

Der mich als erster am Lagertor begrüßte, überraschend herzlich, war ein junger Theologe aus Liegnitz, der erst vor einigen Tagen nach Borisow gebracht worden war. Bernhard[15], mit dem mich bald eine tiefe Freundschaft verband, stand mir fortan als Mesner, Ministrant und Vorbeter bei der heiligen Messe zur Seite, und bei den selbstverfaßten lustigen Theaterstücken als wichtigster Partner. Später wurde er Bischof in der DDR.

Meine Freundin Halja
Eine nicht übermäßig ernsthafte Geschichte

Ich hegte damals die innigliche Vermutung, daß Halja – wie man weiß, ist das ein russischer Mädchenname – mir besonders zugetan war. Ob zu Recht, muß dahingestellt bleiben. Immerhin genoß keiner meiner Kameraden im Lager Grigoriewka einen solchen Vorzug wie ich: daß sie nämlich fast jeden Morgen an mein Bett kam, um mir einen guten Tag zu wünschen.

Um nun beim geneigten Leser keinen falschen Verdacht zu wecken, muß ich ihm erklären, was es mit Halja auf sich hatte. Halja war keine russische oder ukrainische Schönheit, sondern ein unansehnlicher Vogel mit schwarzgrauem Gefieder: eine gewöhnliche Dohle. Ich kann nicht einmal mit Sicherheit erklären, wes Geschlechtes sie war; ihre Charaktereigenschaften wiesen sie allerdings eher dem weiblichen zu.

Vielleicht hing schon die erste entscheidende Wendung ihres Vogelschicksals mit einer weiblichen Tugend, der Neugier, zusammen. Max, unser Pferdekutscher, fand das Dohlenküken eines Tages mit gebrochenem Flügel auf dem Platz vor der Kirchenruine oberhalb des Lagers. Ein Glück, daß es nach der verunglückten Landung keinem der Unmenschen in die Hände gefallen war. Max – er kam aus dem Gäuboden – wußte mit Tieren umzugehen und pflegte Halja – der Name stammt auch von ihm –, bis sie gesund und flügge war.

Es hat ihn nicht vergrämt, daß er von der jungen Dame nicht allzuviel Dank empfing. Sie fühlte sich offenbar zur großen Welt hingezogen und hatte es bald heraus, wo die Haute volée des Lagers anzutreffen war. Vielleicht ist diese Deutung nur meinem westlichen Denken entsprungen und war es in Wirklichkeit ein kollektiver Zug, der sie zu uns auf die Schreibstube trieb, weil sie sich dort der Allgemeinheit am ehesten nützlich machen konnte, obschon ihre Vorliebe für ... (siehe am Anfang!) auch noch schmeichelhaftere Auslegungen zuließe.

Jedenfalls versuchte sie auf unserer Junggesellenbude nach Kräften Ordnung zu schaffen – oder bin ich da schon wieder auf der falschen Spur? Ich habe auf russischen Büros allerlei Beobachtungen anstellen können. Die Genossen und Genossinnen pflegten dort einen beliebten vaterländischen Sport: den Kollegen oder Vorgesetzten in unbewachten Momenten den Bleistift zu stibitzen – ganze Kollektionen solcher durch »zapzerap« erworbener Schreibmittel sind mir voller Stolz gezeigt worden. Möglich darum, daß ich unserer Halja wiederum eine deutsche statt einer russischen Nationaltugend unterstelle. Wir mußten jedenfalls höllisch auf alle losen kleinen Gegenstände achtgeben, sonst waren sie im Handumdrehen – nach einem nicht zu ergründenden System – anders verteilt oder auch einfach verschwunden, wie denn ja gerechte Verteilung und Verschwindenlassen in der neueren Geschichte nicht selten nur verschiedene Ausdrücke für denselben Vorgang sind.

Was nicht lose war, das versuchte Halja lose zu machen. Mal zupfte sie am Schnürsenkel, mal an einem vorwitzigen Wattebausch an der Fufaika[16], mal an einem einsam stehenden Haar. Ob sie bei mir mit dem Haarausziehen besondere Erfolge zeitigte oder ob es sie reizte, die beginnende Lichtung vollends in einen Kahlschlag zu verwandeln – jedenfalls war ich ihr beliebtestes Angriffsziel. Nun, man dachte: Was sich liebt, das neckt sich – und ließ allerlei Torheiten mit sich geschehen. Nur vor der Gefahr, daß die Liebe in die Augen ging, mußte man sich gelegentlich schützen, und so konnte es unter Umständen zu einer kleinen Verstimmung kommen.

Ich täte meiner Freundin aber ein geschichtliches Unrecht an, wenn ich nicht vermerkte, daß sie sich nicht nur zu solchen Spielereien, sondern wenigstens ebensogern zu ernster Arbeit bereitfand. Vor allem übte sie eine gewissenhafte Kontrolle aus und leistete damit das, womit die Räteregierung den riesigsten Verwaltungsapparat der Weltgeschichte unaufhörlich beschäftigt. Zu diesem Zweck nahm sie am liebsten einen erhöhten Platz ein: das Tintenfaß vor allem, und verfolgte von da aus scharfäugig jede Bewegung der schreibenden Hand. Sie hielt keineswegs mit ihrer Meinung hinter dem Berg zurück und gab ihr Ausdruck, zuweilen in einem heiseren Russisch, das nicht jedermann verstand, zuweilen auch durch ihr unmißverständliches Signum. Hierbei wußte sie Unterschiede zu machen: Einmal tauchte sie ihren Schnabel in die violette Normaltinte und rieb ihn dann mit deutlichem Unwillen auf der grauen Papierfläche ab, ein andermal setzte sie mit selbstproduziertem glänzendem Lack ihr Siegel darauf, und wieder ein andermal nahm sie ein Fußbad im Tintenfaß und spazierte so über eine eben abgeschlossene Prozente-Abrechnung. Petropawlow, unser Arbeitsinspektor, war kein Menschenfresser. Als ich ihm das also gezeichnete Schriftstück vorlegte, meinte er in seiner trockenen Art, das Signum sei in Ordnung, nitschewó, immerhin sei es leserlicher als meine Klaue.

Zu Haljas ernsten Obliegenheiten gehörte auch das eingangs erwähnte Wecken. Ich schlief damals von Mai bis in den November hinein (nein, nicht in einem Stück, sondern nur nachts!) draußen unter dem klaren ukrainischen Sternenhimmel, weniger der Romantik als unliebsamer nächtlicher Besuche wegen. Zwar war man auch draußen von dem sich ungeheuerlich vermehrenden Fußvolk nicht gänzlich sicher; einige vom großen Heerhaufen abgesprengte Wanzen fanden sich immer ein. So hatte Halja neben dem Picken auf die Mantelknöpfe und dem Zupfen an meinen Haaren – sie begann damit, wenn die ersten Kochgeschirre rasselten – auch wichtigere Dinge zu erledigen: sie sammelte sorgfältig das halbe Dutzend der in den Falten der Decke zurückgebliebenen Wanzen auf; nicht etwa, um sie sich einzuverleiben, sondern um sie mit einem deutlichen Ausdruck der Verachtung beiseite zu legen. Leider habe ich die Tiefenpsychologie der kleinen Blutsauger nicht genügend studiert, um mir über die seelische Wirkung dieser Geste Rechenschaft geben zu können; dem äußeren Effekt nach zu urteilen, war sie nicht besonders nachhaltig: anderntags waren sie wieder da, mit Genossen und Genossinnen.

Wenn wir dann – wie schnell ging damals doch die Morgentoilette vor sich! – beim Frühstück saßen, auf der Schreibstube ganz hinten in dem riesenlangen Bunker, so forderte Halja durch ein gebieterisches Klopfen am Fenster – es war nach außen zu ebener Erde – Einlaß durch die zu diesem Behuf nur lose angestellte Scheibe. Hereingehopst, erwartete sie, daß man sie zum Mithalten einlud, nicht aus einem proletarischen Hungergefühl, denn sie zählte als einzige im Lager zur Kategorie der Selbstversorger, sondern aus höherem gesellschaftlichem Bedürfnis. Sie wußte auch, daß ein gewisses Sich-Zieren jungen Damen gar wohl ansteht, und jeder von uns dreien vermerkte es mit Genugtuung, wenn sie sich herabließ, einen Brotkrümel oder einen in die Suppe verirrten Fleischfaden anzunehmen.

Traten die Brigaden zum Arbeitsausgang an, so fehlte Halja nur, wenn sie anderswo unabkömmlich war. Stolz schritt sie die Reihen ab, aber immer auf der entgegengesetzten Seite wie der russische Offizier; denn daß die Russen auf der falschen Seite standen, hatte sie in ihrem angeborenen Gerechtigkeitsgefühl längst heraus. Oder aber sie sorgte für Ordnung, indem sie bei dem einen die Schnürsenkel an- oder aufzog, bei dem anderen die hinter dem Rücken versteckte Machorka-Zigarette konfiszierte, ohne Empfangsbescheinigung. Manchmal händigte sie die Zigarette auch wieder aus, aber ganz nach eigenem Ermessen und freier Wahl. Oder sie beschäftigte sich mit dem Notizbuch aus Packpapier, auf dem ich die Ausgänge notierte: sie setzte sich auf meine Schulter oder meinen Ärmel, eifrig bemüht, immer weiter umzublättern. Was sie damit sagen wollte, ist mir nicht eindeutig klar geworden. Vielleicht dies, daß alles nicht so wichtig sei, wie wir es empfanden, und schneller vorüber, als wir zu hoffen wagten.

Es ist alles vorübergegangen, wie die Wolken am ukrainischen Himmel: Erlebnisse, Gestalten und Bilder. Eines der ergötzlichsten davon, eines von denen, die bleiben, ist das Bild Haljas, der Dohle. Ich könnte ihm noch einige Züge anfügen, will aber mit der Wiedergabe einer Episode abschließen, die im Lager viel belacht und als Akt der ausgleichenden Gerechtigkeit empfunden wurde.

Unser Bataillloner – so nannten wir den deutschen Beauftragten für Arbeitseinteilung und -überwachung –, ein Hamburger, war nicht sonderlich beliebt, und das aus Gründen, die teils mit seinem Amt, teils mit seiner Person zusammenhängen. Er war das, was man so einen Windhund nennt, und Rolf, auch ein Hamburger, behauptete fest, er könne keine drei Sätze sprechen, ohne fünfmal zu lügen. Jedenfalls wußte er aus jeder Situation für sich das Beste herauszuholen, und das war nicht immer das Beste für die »Kameraden«. Halja konnte ihn auch nicht leiden. An seinen stets blankgewichsten Stiefeln fand sie keine Anknüpfungspunkte, eher schon an seinem blütenweißen Schillerkragen à la nordischer Jüngling. Einmal setzte sie ihr schon erwähntes Siegel darauf, in warmflüssigem Zustand, und ein andermal – nun, wir standen unser drei oder vier in angeregter Unterhaltung beieinander –, da flog Halja herzu, ließ sich ohne viel Umstände auf der Schulter des Bataillonsers nieder und machte sich dort unter lebhaften Bewegungen zu schaffen. Er empfand das offenbar als ungewohnte Auszeichnung und ließ es lächelnd geschehen, aber auf einmal, während Halja mit meckerndem Triumphgelächter davonstob, schrie er auf, mitten im Satz, und griff sich unters Hemd. Was zog er da vor unseren staunenden Augen hervor? Eine munter brennende Zigarette! Ein roter Brandfleck am Schlüsselbein bezeugte die Wirkung.

Ich habe mich von Halja nicht verabschieden können, denn in der Novembernacht, als unser Transport vom Lager abging, konnte man ihr die Störung nicht zumuten. Als das Lager dann vierzehn Tage später aufgelöst wurde, ist sie, so hat man mir berichtet, mit zum Bahnhof und kreischend von einem Waggon zum anderen geflogen und schließlich neben dem fahrenden Zug her, bis sie sein Tempo nicht mehr mitzuhalten vermochte. Bereits im Lager hatte ein anderes treues Tier zurückbleiben müssen, Bello, der Hund, der den Russen immer nur wütend die Zähne gezeigt und sich beim Abschied der Deutschen wie rasend gebärdet hatte.

Mit Bezug auf diese beiden Geschöpfe hat mein Freund Rudi Piesnack einmal das tiefsinnige Wort geprägt: »Das einzig Menschliche am Lager sind die Tiere.«

Das ist natürlich nicht Halja. Aber wenn ich meine Zeichnungen und meine Erinnerungen aus Rußland durchgehe, um einen ähnlichen Charakter zu finden, so fällt mein Blick unweigerlich auf dieses ukrainische Kind aus der Nähe von Rowno. Sie war eine richtige kleine Dohle, genauso voll Schalk, Humor und Laune wie »Halja«. Ich hatte im Haus ihrer Eltern Quartier bezogen, und vierzehn Tage lang hatten wir aneinander viele herzliche Freude, mitten im grausamsten Krieg.

Meine Gertrud

Was ist eine Liebe ohne Treue? Im Grunde eine Lüge. Denn der tiefste Sinn jeder Liebe, das innere »Wort«, das in der Liebe gesprochen wird, ist eine innere Zuwendung und Hingabe seiner selbst, die unbefristet fortdauert, durch keinen Wechsel des Lebensstromes erschüttert werden kann, sondern nur durch eine tiefgreifende Veränderung im geliebten Menschen angetastet werden könnte. Ein Mensch, der etwa sagt, ich liebe dich jetzt, aber wie lange noch, weiß ich nicht, kann noch nie wirklich geliebt haben und ahnt nichts vom Wesen der Liebe. Die Treue ist der Liebe so wesenhaft eigen, daß jeder, wenigstens solange er liebt, seine Zuwendung als eine dauernde meinen muß.
Dietrich von Hildebrand

Kurz vor der letzten Weihnacht des Zweiten Weltkrieges lernte ich in einem Gefangenenlager in Kiew einen jungen Mann kennen. Er war wie ich Priester, und nichts war natürlicher, als daß unsere Herzen sich gegenseitig erschlossen. Der Umstand, daß wir aus derselben Gegend stammten, verstärkte das Zutrauen, und wir erlebten bei aller Enge und Bitternis unserer Lage beglückende Stunden.

Leider nur über kurze Zeit. Der kriegsgefangene Kaplan Georg J. war nur mehr ein Schatten dessen, was er einst gewesen war. Von dem blühenden Körper, den ein paar gerettete Lichtbilder zeigten, war kaum mehr als das Gerüst übriggeblieben. Nur seine Augen lebten wirklich und füllten sich mit einem wunderbaren Glanz, wenn er von seiner einstigen Arbeit unter der Jugend sprach und von seinen Plänen, aber manchmal kam mir ein geheimes Erschrecken, als sei dies kein irdisches Leuchten mehr, sondern bereits der Widerschein einer anderen Welt.

Ich selbst, auch schon sehr entkräftet, wurde einem günstigen Arbeitskommando als Maler in der Stadt zugeteilt. Dort wurde meinem Kameraden und mir viel Unterstützung zuteil. Ein gutes altes Mütterchen aus Leningrad werde ich in Ewigkeit nicht vergessen, und sicher auch der Herrgott nicht. Bald war ich in der Lage, meinem neugewonnenen Freund manches zuzustecken: ein Stück Brot, einen Apfel, bohnengefüllte Piroggen, einmal sogar ein Ei. Sein geschwächter Körper kräftigte sich zwar, doch Georg mußte auch wieder arbeiten, und beim Eishacken auf der Straße im bitterkalten Februar fand der Tod Gelegenheit, sich bei ihm einzunisten.

Georg wurde mit einer fieberhaften Erkrankung ins Lagerrevier eingeliefert. Die Kranken zu besuchen, war streng verboten, doch ließ mich der ungarische Revieraufseher passieren, wenn er sicher war, daß mich kein russischer Bewacher erwischte.

Anfänglich fand ich bei meinem Freund noch dankbaren Widerhall, wenn ich ihm Mut zusprach. Aber eines Tages war er ganz verändert. »Iß das Weißbrot selber auf, Gerhard«, sagte er, »mit mir wird es doch nicht mehr.« Und da ich drängte, meinte er verzagt: »Ich weiß nicht, was heute mit mir ist, aber ich habe keine Hoffnung mehr, ich komme nicht mehr nach Hause.«

Auf meinen Einwand, das sei freilich für keinen von uns gewiß, aber der Herrgott, der bis hierher geholfen, habe sehr wohl Macht und Mittel, uns auch aus dem dicksten Dreck herauszuholen, lag er eine Weile still. Dann suchte seine Hand – ich erschrak über ihre Kälte – die meine, und er begann von neuem: »Du wirst nach Hause kommen, Gerhard. Dann geh zu meinen Eltern und erzähl ihnen – alles!«

»Du mußt nicht so reden, Georg«, sagte ich, »du mußt die Zähne zusammenbeißen« – Worte, die uns in solcher Lage wie durchlöcherte Gefäße vorkommen. Er ließ sich nicht beirren und fuhr langsam fort: »Und dann mußt du nach K... gehen« – ich kannte den Ort, der nur einige Stunden von meiner Heimat entfernt liegt, recht gut – »dort, im obersten Haus, am Weg nach L..., wohnt ein Mädchen. Die lasse ich grüßen und ihr danken für ihre Treue.«

Ich muß gestehen, daß ich über diesen Auftrag und das, was sich möglicherweise dahinter verbarg, ein wenig befremdet war. »Für ihre Treue«, wiederholte er, und dann, als spürte er mein Befremden: »Ich muß dir das erklären. Du weißt ja so schon ziemlich alles von mir...

Ich habe Gertrud kennengelernt durch ihren Bruder Matthias, der auch auf dem Konvikt war, einen Kurs unter mir. Erst auf den oberen Klassen hatten wir uns freundschaftlich zusammengefunden. Eines Tages, vor Beginn der Sommerferien, lud er mich zu sich nach Hause ein – ich war damals Unterprimaner.

An einem Sonntagvormittag fuhr ich mit dem Fahrrad nach K. Ich traf noch während des Hochamtes dort ein. Seine Mutter empfing mich mit großer Herzlichkeit und führte mich in die gute Stube. Ich hatte gerade ein Gläschen Kognak geleert, da hörte ich draußen die brummelnde Stimme meines Freundes und die silbrig lachende eines Mädchens; die Tür ging auf, und ich sah sie zum ersten Mal.«

Ich spürte mehr, als ich es in dem halbdunklen Raume sehen konnte, wie sich seine Augen wieder mit jenem wunderbaren, so reinen Glanze füllten und wußte, hier stand ich vor einem der tiefen Geheimnisse, wo man nicht mehr fragen, sondern nur noch still hinhorchen darf.

»Seit jenem Augenblick habe ich sie geliebt«, fuhr

Georg nach einer Pause fort. »Ich wehrte mich, als es mir zum Bewußtsein kam. Ich dachte an meinen zukünftigen Priesterberuf. Ich wehrte mich verzweifelt, aber eine unwiderstehliche Welle trug mich fort. Es war alles so hell um sie, wenn sie schritt, wenn sie schaffte, wenn sie lachte. Und die Helle ging mit mir durch all meine Stunden. Mit der Zeit – ich besuchte die Familie seither öfter – mit der Zeit sah ich, wie das wärmste Licht in ihre Augen trat, wenn sie mich anschaute. Es waren traumhafte Tage in jenem letzten Sommer. Freilich sah ich ein paarmal einen stillen jungen Mann aus dem Dorf bei ihr, aber ich maß dem keine besondere Bedeutung bei oder wollte es nicht.

Was habe ich gelitten in den Wintermonaten jenes Jahres! Das kommende Ostern mußte die endgültige Entscheidung bringen: Mein Beruf oder das Mädchen.

Einer meiner ersten Gänge in den Mulusferien[17)] führte mich nach K. Ich fand aber keine Gelegenheit, mit Gertrud allein zu sprechen und das bisher scheu gehütete Geheimnis, das für sie gleichwohl keines mehr sein konnte, in Worten zu offenbaren. So nahm ich, mit dem ungelösten Zwiespalt im Herzen, schmerzlichen Abschied.

Als ich auf dem gegenüberliegenden Hang mich umwandte, sah ich sie in ihrem hellen Kleid vor der Haustür stehn und mir nachwinken. Ich antwortete nur kurz und beeilte mich, im Wald unterzutauchen. Ich fürchtete, umkehren, zu ihr rennen zu müssen, wenn ich länger anhielt.

Im Walde blieb ich stehen und schaute hinüber. Sie konnte mich unter den Fichtenzweigen nicht mehr erblicken – es ging schon auf den Abend zu. Noch einige Minuten stand sie da, dann wandte sie sich langsam, sehr langsam, wie mir schien, und schritt zu den Stallungen. Bald schoben sich die braunen Leiber der Rinder auf den Hof, und ich wußte im selben Augenblick, was es zu bedeuten hatte. Ich wartete kaum ab, bis ich sah, daß nicht der Knecht, sondern sie die Herde austrieb, und eilte um das Dorf herum zu der mir wohlbekannten Tränkestelle in der Hohlgasse, wo das Wasser aus Röhren in große steinerne Tröge läuft.

Durch das Geäst der Buchenhecke hindurch sah ich sie; ich sah, daß sie weinte.

Ich schwang mich hinüber und setzte mit zwei Sprüngen zu ihr hinab. Sie stand wie angewurzelt, bleich und regungslos. »Gertrud, ich muß mit dir reden«, sagte ich und ergriff ihre Hand. Sie blieb stumm, ich fühlte, wie sie zitterte. »Von dir hängt es ab, ob ich ins Seminar gehe oder nicht.« Eine fliegende Röte trat in ihr Gesicht und verschwand wieder. »Geh ins Seminar!« sagte sie endlich. Es war mehr gehaucht als gesprochen.

»So, du magst mich also nicht!« Ich ließ ihre Hand los, aber sie faßte meine, und es traf mich ein Blick, den ich nie vergessen werde. In diesem Blick war alles: Liebe, unendliche Süße, bitterster Verzicht. »Ich habe ihm mein Wort gegeben«, sagte sie dann, immer noch tonlos. Ich wußte, wen sie meinte. »Ihr seid doch nicht verlobt!« – »Verlobt nicht, aber so gut wie verlobt. Wir kennen uns von Kind auf. Als ich siebzehn Jahre alt war, kam es. Ich dachte, ich würde außer ihm nie mehr einen Menschen lieben können, und vor zwei Jahren, im Mai haben wir uns versprochen für immer. Dann kamst du.« Sie hielt inne und senkte den Blick. »Es kam so, wie es gekommen ist, aber ich kann ihm mein Wort nicht brechen.«

Ich redete auf sie ein, daß dieses Wort ein Irrtum gewesen sei, daß er Verständnis haben werde, daß nur das Ehegelöbnis unlöslich binde, daß sie doch fühlen müsse, wie wir zwei füreinander bestimmt seien, und mehr noch dieser Art brachte ich in meiner Leidenschaft vor, aber es war da etwas in ihr, über das ich mit allem Drängen nichts vermochte. Sie sagte: »Er ist ein einfacher Mensch. Ich darf es nicht tun. Er hat nur einen Gedanken.«

In diesem Augenblick prallte der Leib einer Kuh mit solcher Wucht gegen mich, daß ich um ein Haar in den klebrigen Schlick der Tränkstelle gefallen wäre. Gertrud fuhr schimpfend mit dem Stock zwischen die Stößer. Als sie sich mir wieder zuwandte, hatte sie ihre gewohnte Ruhe und Sicherheit wiedergewonnen. Wir wechselten noch einige Worte, aber ich fühlte: das Tor, durch das ich so unversehens in ihr Inneres eingedrungen war, hatte sich geschlossen; ich kämpfte außerhalb der Mauern und reichte nicht mehr an ihr verwundetes Herz.

So bin ich denn gegangen. Ich habe mich nicht mehr umgesehen. Drüben aber, unter den Fichten, habe ich mich auf den feuchten Waldboden geworfen und mich gebärdet wie ein Wahnsinniger.

Auf dem langen Heimweg kam allgemach Ruhe und Besinnung über mich. Und in den nächsten Wochen keimte über meine Enttäuschung ein anderes Gefühl empor, eine noch größere Hochachtung für Gertrud und ein Verstehen dessen, was Treue ist: Mehr als Liebe, ja, daß nur Treue wirkliche Liebe ist.

Und so habe ich mich auch wieder ganz zu meinem Beruf gefunden und zu der Treue, die uns darin tragen muß. Kämpfe sind nicht ausgeblieben, aber wenn ich ehrlich sein will, dann verdanke ich nächst dem Herrgott es Gertrud, daß ich sie bestand. Das sollst du ihr sagen.«

Mein Freund, der sich vor Müdigkeit mehrmals unterbrochen hatte, schwieg erschöpft. Ich versprach ihm, alles getreulich auszuführen, wenn es möglich sein und ich den Tag der Heimkehr erleben sollte. Ich habe ihn erlebt, aber lange, bittere Jahre lagen zwischen diesem und jenem Tag.

Meinen Freund habe ich an jenem Abend zum letzten Mal unter den Lebenden gesehen. Als ich am nächsten Tag, früher als gewöhnlich, im Lager eintraf, kam ich noch gerade recht, um seinen Leichnam zu segnen und zu dem fensterlosen Raum zu begleiten, wo man die Toten aufbewahrte. Die Träger stolperten in der Dunkelheit über die, welche schon dalagen, und kippten den Priesterleichnam, nackt wie er war, zu den übrigen. Ich habe noch lange an der Brettertür gestanden, deren Ritzen mit rohen Latten übernagelt waren, und haltlos geweint – das erste Mal in der Gefangenschaft.

Ein leuchtender Frühlingstag war es, als ich nach K. hinabstieg, um meine Botschaft auszurichten. Schon von weitem sah ich das Kirchlein schimmern, das sie auf dem Felsen über dem Flüßchen erbaut haben, und leicht fand ich das Haus, wo Gertrud wohnte. Kinderjauchzen und Lachen klang um das glückliche Heim. Nachdem mich das Ehepaar und alle vier Sprößlinge gebührend begrüßt hatten, saß ich mit den beiden lieben Menschen allein in der Stube und erzählte von den letzten Wochen unseres gemeinsamen Freundes. Berichtete auch, nachdem ich mich des Einverständnisses Gertruds versichert, nach Erinnern wortgetreu das, was mir Georg über die Begegnung an der Viehtränke mitgeteilt hatte. Als ich geendet, stand der starkgebaute Mann an der Seite Gertruds auf, faßte ihre Hand und begann mit schwerer, bebender Stimme: »Herr Pater, meine Frau, meine Gertrud...« – er kam nicht weiter. Seine Lippen zuckten; rasch wandte er sich ab und ging aus der Stube. »Er hat ein zu gutes Herz«, sagte Frau Gertrud schlicht und wischte sich die Augen.

Ein Weilchen später stand ich an den moosgrünen Steintrögen unter kräftig duftenden Holunderbäumen. Lange stand ich da. Ich sah das klare Wasser aus den Röhren fließen und hörte auf seine Melodie, uralt wie das Leben, dunkel von Trauer, süß und hell von unergründlicher Freude.

In der Hand eines Kindes

Manch einem möchte man wünschen, daß er einen wenn auch noch so kurzen Blick in die Zukunft, seine Zukunft, werfen dürfte. Dieser Blick würde ihm vielleicht ein so strahlendes Gegenbild zu seiner grauverhangenen Gegenwart schenken, daß sich seine Verzagtheit auflösen müßte wie ein Bodennebel im Sonnenlicht. Da aber Gott mit uns Menschen nicht so verfährt, solle man es so auch keinem wünschen. Seine Absichten sind unendlich höher und gehen dahin, daß wir vor der verhüllten Zukunft ihm das Geschenk gläubigen und liebenden Vertrauens darbringen, das einzige, worin der Mensch sich selber übersteigt.

Wäre der jungen Frau N. in der Zeit, von der hier die Rede sein soll, ein Bild ihrer heutigen glücklichen Gegenwart aufgeleuchtet, so wäre sie gewiß mit Leichtigkeit ihrer damals verzweifelt erscheinenden Lage Herr geworden. Aber gewiß hätte sie auch gerade das nicht geleistet, was im Plane Gottes den Grund legen sollte für ihr gegenwärtiges und zukünftiges Glück. Sie hätte nicht all die tapferen, mühseligen Schritte im Dunkel getan, deren Widerhall im Herzen Gottes die Gnade für ihre dunkelste Stunde bereitstellte und in die Hand ihres Kindes legte. Sie hätte nicht jene furchtbare Tiefe der Verlassenheit erfahren, die den Menschen dem Menschensohn in seinem schrecklichen Aufschrei am Kreuze ähnlich, aber auch Seiner Erhöhung und Osterherrlichkeit fähig macht.

Es soll nun hier nicht das Bild einer großen Gestalt der Geschichte aufgezeichnet werden, sondern ein eher landläufiges Schicksal, das in solchen und ähnlichen Umrissen immer wieder abläuft, das aber gerade darum des Nachdenkens wert ist. Ich habe darüber von nahen Freunden Zuverlässiges erfahren. Aus begreiflichen Gründen muß ich die Namen der Beteiligten und die näheren Umstände verschweigen.

Da stand also an einem strahlenden Sommertag jene junge Frau mit ihren zwei Kindern auf einer Brücke, zu dem Sprung bereit, der ihrer aller Leben ein Ende setzen sollte. Der verzweifelte Entschluß war nicht aus einer jähen Wallung aufgeflammt, etwa aus Zorn über einen Liebesverrat ihres Mannes, sondern schlimmer: er war aus der Verbitterung erwachsen, die wie ein stetig fallender Landregen bis auf den Grund ihres Willens durchgesickert war.

Ihre junge Ehe, nach dem Zweiten Weltkrieg an einem bekannten Gnadenort geschlossen, hatte sich zunächst hoffnungsvoll angelassen. Die Brautleute brachten genügend Ernst und Lebenserfahrung ein, um nicht nach Art der gängigen Filme und Drei-Groschen-Hefte die Hochzeit als Tor zum fix und fertigen Paradies anzusehen. Aber die Bewährungsproben, in die sich die beiden empfindsamen Menschen dann hineingestellt sahen, waren härter, als sie es sich hatten vorstellen können oder mögen.

Zu den alle bedrückenden Nachkriegsverhältnissen kam bei Herrn N. die besondere Schwierigkeit, in seinem erlernten Beruf an- und vorwärtszukommen. Er hing an ihm mit einer fast eigensinnig zu nennenden Enge des Blicks und ohne die wendige Bereitschaft, andere, außerhalb desselben gegebene Erwerbsmöglichkeiten aufzugreifen. Die nicht abreißende Kette der Mißerfolge verwickelte ihn in eine schwere seelische Krise, unter der naturgemäß seine Frau am meisten litt, zumal dann, als seine Verdüsterung auch sein religiöses Leben völlig überschattete. Die Last wurde noch drückender für sie, als er den Plan faßte, nach Übersee auszuwandern, um sich dort eine seiner Ausbildung entsprechende Stellung zu erobern. Ihr erschienen, bei nüchterner Betrachtung der Verhältnisse, die Erfolgsaussichten drüben noch nebelhafter als in der Heimat, an der sie mit allen Fasern ihres Herzens hing; und wie sollte sie mit den zwei Kindern, mit denen ihre Ehe gesegnet worden war, die ungewisse Zukunft in der völlig andersartigen Umgebung bestehen?

Die also heraufbeschworenen Zerwürfnisse bedrohten nachgerade den Bestand ihrer Ehe. Frau N., die eine tiefreligiöse Natur war, fand zwar immer noch einen letzten Halt im Gebet, zumal vor dem Marienaltar ihrer Pfarrkirche, auf dem sie, den kleinen Peter an der Hand, gerne einen Blumenstrauß niederlegte. Wie oft aber mußte der Kleine sie bitten: »Mutti, nicht mehr weinen!« – und wie oft sah ihr Mann, wenn er von einem neuen Mißerfolg heimkehrte, sie in der engen Stube sitzen und verloren vor sich hinstarren.

Er ahnte nicht, was für ein Entschluß in ihrer einsamen, gequälten Seele heranwuchs, wie eine giftige Frucht, die zur bestimmten Stunde aufbrechen würde; und er war nicht zugegen, als sie eines Tages wie unter einem unwiderstehlichen Zwang die lallende Annemie auf den Arm und Peterchen an die Hand nahm und mit der einzigen Erklärung: »Wir gehen zur Himmelsmutter« – den Weg zu jener Brücke einschlug.

Wie grausam kann das strahlendste Sonnenlicht sein und wie herzlos das lachende Leben der Straße, wenn auf ihr ein Mensch dahinschreitet, der keine Hoffnung mehr hat. Und wer könnte nachfühlen, was im Herzen eines

Menschen vor sich geht, der zum letzten, unwiderruflichen Schritt entschlossen ist! Frau N. sieht bereits die Wirbel und Strudel des Flusses unter sich, der schon vielen Menschen die vermeintliche Erlösung von einem unerträglich erscheinenden Dasein gebracht hat. Sie hebt die beiden Kinder auf ihre Arme, um sich mit ihnen über das Geländer zu neigen und fallen zu lassen, sie wirft noch einen Blick auf das Steinbild der schmerzhaften Mutter, das man dort errichtet hat als einen letzten Mahnruf der Liebe – »Verzeih mir um deiner Schmerzen willen, Mutter der Schmerzen, ich kann nicht mehr…« – Sie drückt den Knaben und das Mädchen enger an sich, um so miteinander… Da hört sie eine Stimme, nah an ihrem Ohr und doch wie aus einer fernen Welt, aus der sie bereits herausgeschritten: »Aber Mutti, wir haben ja heute keine Blumen für die Himmelsmutter, schau doch, wie sie traurig ist! Komm schnell, Mutti, drüben auf der Wiese gibt's viele« – und schon hat sich Peterchen ihrem Arm entwunden und zupft an ihrem Kleid: »Komm doch, Mutti! Mutti, komm!« – so bettelt er die Erstarrte an. Da geht ein Zittern durch ihre Gestalt, sie wendet sich um, beugt sich nieder und sieht in die großen, fragenden Augen des Lebens aus ihrem Leben, sie sieht die Sterne darin aufglimmen, die sie für immer erloschen glaubte. Sie läßt sich hinwegziehen, ohne eigenen Willen, hinüber auf die bunt blühende Wiese. Als sie dann wieder vor dem Bild der Schmerzensreichen steht und Peterchen seinen kindlichen Strauß auf den Sockel niederlegt, da hat sich ihr die Welt verwandelt. Zwar muß der Knabe noch einmal bitten: »Mutti, nicht mehr weinen«, aber nun reißt sie ihn an sich mit einem Ungestüm und überschüttet ihn mit Küssen, daß er sich nicht mehr auskennt, und dazwischen versichert sie ihm immer wieder: »Nein, Peterchen, nein, mein liebes Peterchen, ich werde nun nicht mehr weinen, nun wird alles wieder gut.«

Es ist wirklich alles gut geworden. Die Hand, in die Frau N. früher oftmals Blumen für die Madonna hineingelegt: die Hand ihres Kindes hatte sie vom Abgrund gezogen, aber in dieser schwachen Kinderhand war ihr eine größere, eine allvermögende Hand erschienen, in die sie von nun an vertrauensvoll ihr Geschick hineinbarg. In ständigem Gebet wuchs ihr eine Kraft zu, die nach wenigen Monaten eine völlige Wende herbeiführte. Das war an einem hohen Maifest, als Gott nach der hl. Beicht ihr Herz zu dem klaren und festen Entschluß erleuchtete, mit ihrem Mann in das fremde Land zu gehen. Im selben Augenblick fiel alles Schwere von ihr ab.

Auch ihren Mann ergriff die Verwandlung. Das, was sie jahrelang in der ehelichen Gemeinschaft schmerzlich vermißt hatten: ein herzliches, tiefes Miteinander wurde ihnen nun geschenkt. Und wenige Tage vor der Ausreise knieten sie, wie einst an ihrem Hochzeitstage, Hand in Hand vor dem Gnadenbild jener, die alle Fäden entwirrt, glücklicher als je, im Frieden der heiligen Sakramente, die auch der Mann nach langen Jahren der Entfremdung wieder empfangen hatte.

Die Briefe, die ihre Freunde, meine Freunde, nun aus Übersee erhalten, erzählen von raschen, erstaunlichen Erfolgen und davon, daß sie noch nie so glücklich gewesen wie heute, von strahlenden Kinderaugen und von einer gütigen Hand, deren Segen sie Tag um Tag verspüren.

In einer alten Mühle

Mein lieber Junge!

Es kommt mir selber seltsam vor, daß ich mich hinsetze, um Dir das folgende niederzuschreiben. Aber ich muß es tun. Du mußt wissen, wie das mit unserer Hedwig war. Du sollst Dein Schwesterchen nicht vergessen. Sie hat für Dich ihr Leben geopfert.

Ich würde es Dir im Wachen und Träumen haarklein erzählen können, aber weiß ich denn so sicher, daß ich noch da sein werde, wenn Du verständig geworden bist? Gewiß, ob ich es so niederschreiben kann, wie es mir im Herzen steht, Tag und Nacht, ich glaube es nicht. Ich bin der Buchstaben lange entwöhnt. Eurem Vater habe ich Briefe geschrieben, als wir uns kennenlernten. Seither seid ihr die Briefe gewesen, die ich geschrieben habe, solche aus Fleisch und Blut. Ich hoffe und bete, daß sie richtig im Himmel ankommen.

Zeit habe ich nun zu schreiben, jetzt nach der Operation. Ich kann schon aufstehen, aber der Arzt will mich noch nicht nach Hause lassen. Zu Hause hätte ich wohl nie Zeit gefunden, und so hat der liebe Gott mir Zeit verschafft.

Es ist so schade, daß wir kein richtiges Bild von Hedwig haben. Sie sah Brigitte wohl ähnlich, hatte ebenso helles Haar wie sie und solche himmelblauen Augen, daß man gar nicht begreifen kann, wie es so etwas Blaues geben mag.

Und doch war sie wieder ganz anders. Der liebe Gott macht nicht zweimal dasselbe. Du wirst später noch erzählen hören, wie lieb alle sie hatten, weil ihr ganzes Wesen so etwas Helles von sich gab. Sie vergaß nichts und besorgte alles schnell und ohne Aufschub. Lieber Junge, vielleicht wirst Du es einmal begreifen, wenn Du selber Kinder hast, wie es mir ums Herz war, wenn ich sie den Pfad über die Hill hinaufeilen sah, ihre lichte Haarkrone leuchtete über den dunklen Ginsterbüschen, oder sie kam mir entgegengesprungen, und ihr ganzes Gesicht strahlte mir zu. Es war nichts in ihr, was mir nicht zugelacht hätte – und doch, welch eigenartiges Geheimnis war um sie! Ihr Strahlen war wie ein Kleid, in dem noch etwas Schöneres verborgen war. Ich bin eine einfache Frau. Es gibt gelehrte Männer, die können das sicher besser ausdrücken, aber vielleicht kann es auch niemand beschreiben, wie das wirklich ist. Es war, wie wenn man die Flügel ihres Engels sähe, den Engel selber aber nicht.

Seitdem ich sie auf dem Schoß gehalten, mit zerschmettertem, blutüberströmtem Kopf, seither weiß ich, was Mutterleid ist. Und seither verstehe ich die schmerzhafte Mutter vielleicht ein wenig. Seither fühle ich, wie sehr uns die lieben muß, die für uns ihr Kind geopfert hat.

Ich bin noch nicht ganz ruhig geworden, nach so vielen Monaten. Manchmal ist es mir, als müßte ich jemand die Schuld geben. Es geht so manches dunkle Geraun um in der alten Mühle an der Grenze. Als ich da einzog, eine junge Braut, da meinte ich, es griffe etwas Unheimliches nach meinem Herzen. Wenn ich nachts wachliege, und die schweren Steine grollen übereinander, dann höre ich die Stimmen derer, die schon lange nicht mehr da sind. Und auch das merkwürdige Wort, das die vergrämte Großmutter kurz vor ihrem Tode gesprochen hat.

Sie war die einzige, die hier und da mürrisch zu Hedwig war. Mir scheint, das Helle an Hedwig zog sie an und stieß sie gleichzeitig ab. Sie war hart geworden in einem harten Leben und hatte sich eingesponnen in ihre einsame Stube, die immer dunkel verhängt war – sie hatte empfindliche Augen und konnte die Sonne nicht vertragen. Aber woher hat sie es gewußt? Sie hatte schon öfter den Kopf geschüttelt über Hedwig. »Wenn man das Kind so zwischen den andern in der Kirche knien sieht«, so sagte sie einmal, »dann meint man, es ist ein Engel und nicht für diese Erde geschaffen.« Und kurz vor ihrem Tode sagte sie einer Frau aus dem Dorfe: »Sie werden in der Mühle keine Freude mehr an dem Kinde haben. Es wird mir bald nachkommen.« Woher hat sie es gewußt? Oder war es ein Wunsch von ihr? Und können Wünsche solche Gewalt haben? Ich habe in diesen Jahren ein paarmal gehört, daß Großmütter ihre Enkelkinder nachgezogen hätten. Damals habe ich kaum etwas darauf gegeben. Aber nun mache ich mir Gedanken.

Das ist wohl nicht recht. Es ist vielleicht das Dunkel in uns, das wir noch nicht ganz besiegt haben, das uns solche Gedanken eingibt. Wir müssen es bekämpfen. Ich habe einen Menschen gekannt, der stand oft am Mühlenteich unter der großen Pappel und starrte in das schwarze Wasser. Es hat mit ihm ein trauriges Ende genommen. Wenn Du eine schwere Stunde hast, lieber Junge, dann gehe nicht dahin, wo das Wasser gestaut ist und träge um sich selber fließt! Geh auf den Berg und laß dir den Wind durch den Schopf blasen, oder geh oben an den Bach, wo er fröhlich über die Steine hüpft. Es ist immer eine Hilfe zu finden, wenn man sie finden will.

Ja, Hedwig war ihrem Alter weit voraus. Der Herr Dechant nahm sie ein Jahr früher mit zur hl. Kommunion und sagte dann noch, daß sie seine beste Schülerin war. Wirklich, so verständig sie sonst schon war, in den Monaten der Vorbereitung ist sie gewachsen wie ein Kornfeld im Mairegen, in ihrem ganzen Wesen, meine ich. Die einzige Unart, die ich noch an ihr bemerkte, war dies, daß sie wohl etwas zu sehr auf ihre Sachen bedacht war, auf ihre Kleider, Spielsachen, kleine Andenken – und niemand gerne daranließ. Als ich es ihr einmal verwies, sagte sie: »Ich weiß es, Mutter, aber laß mir noch etwas Zeit! Mit den andern Dingen bin ich ja auch fertig geworden.« Das Kind konnte einem Antworten geben, ich habe mich oft verwundert. An ihrem Weißen Sonntag wollte sie nur in der Kirche sein oder allein für sich. Sie strahlte den ganzen Tag so von innen, wie wenn der Birnbaum am Gartentor voll in der weißen Blust steht, so war sie an diesem Tag.

Sie hat wohl schon gespürt, daß sie allein für Gott blühen sollte.

Ich kann Mütter nicht verstehen, die ihre Kinder lieber jedem andern als Gott abtreten mögen. Und doch hat es mir so weh getan und tut es mir immer noch weh, daß er sie ganz für sich genommen hat. Du wirst mich, wenn Du einmal groß und ein kluger Mann geworden bist, gewiß auslachen und denken: jede Mutter hält ihr Kind für das schönste und beste, aber ich muß es Dir doch sagen: Deine Schwester war eine wirkliche kleine Heilige. Du kannst sie um ihre Fürsprache bei Gott bitten. Sie liebte den Heiland über mein Begreifen. Sie liebte ihn so, daß hier und da ein flüchtiger Schatten, etwas wie Neid – Gott verzeihe mir – durch meine Seele zog. Ich merkte, wie die Äste dieses Bäumleins sich mehr und mehr einem Lichte zubogen, das über mich hinwegstrahlte.

Mit Hedwigs Tode nun verhielt es sich so: Sie war schon in ihrem Leben Dein kleiner Schutzengel, sie war es auch in ihrem Sterben. Sie kannte kaum eine andere Sorge als Dich, und Du hattest zu keinem Deiner Geschwister ein solches Zutrauen wie zu ihr, ja, Du warst, seit Du laufen konntest, wohl lieber bei ihr als bei Deiner Mama. Ich habe mich über all das gefreut und gedacht, welch gute Mutter sie einmal werden müßte! Nun, Gottes Plan ging anders.

Als ich sie tot in meinen Armen hielt, haben verschiedene kleine Begebnisse aus ihren letzten Tagen für mich ein anderes Gesicht bekommen. Ich hätte sie sonst wohl wenig beachtet oder doch nicht im Gedächtnis behalten, aber nun sind sie mir eingebrannt wie unauslöschliche Bilder.

Am Samstag waren die Jungen zur hl. Beichte bestellt. Es war eine Ausnahme, daß die Jungen allein bestellt waren, und Hedwig tat es leid. »Aber am nächsten Samstag werden wir gehen«, sagte sie, »und dann bin ich froh.«

Am Sonntagnachmittag gingen wir zwei in die Heidelbeeren. Es gab deren in diesem Jahr ungewöhnlich viel, aber wir waren bei der vielen Arbeit, welche die Heuernte für eine Mühle, die zugleich Bauernhof ist, mit sich bringt, noch nicht zum Pflücken gekommen. Hedwig wollte zuerst nicht mitgehen, am Sonntag möchten wir doch lieber zu Hause bleiben. Sie ging aber dann doch mit und sprang mir auf dem Pfad zum Walde hinauf voraus. »Wenn du noch so gut springen könntest wie ich, dann wäre ich froh!« Wir fanden bald eine gute Stelle und machten uns ans Pflücken. Aber da waren zwei Elstern, die ständig herumflogen und über uns krächzten. Das Kind wurde unruhig und sagte: »Laß uns heimgehen, Mama!« »Aber wir haben ja noch gar nichts im Eimer, und zu Hause werden sie uns auslachen!« »Doch, laß uns heimgehen«, bestand sie, »mir ist so bang!« Es war eigentlich auch schon spät, um noch viel zu pflücken, und wir machten uns auf den Heimweg. Zu Hause sagte ich dann: »Ich bin doch froh, daß wir wieder da sind!« »Siehst du, Mama«, sagte sie, »du müßtest mir manchmal besser folgen. Ich weiß manchmal mehr als du!« Ich mußte über diese Worte nachdenken.

Dann machte sie noch ihr Marienaltärchen zurecht. Wir haben uns oft gewundert, woher sie es hatte, die Blumen so schön zu ordnen, daß es eine Freude war, sie anzusehen.

Am nächsten Morgen – es war ihr letzter – bat sie mich, nun auf ihr eigenes Zimmer ziehen zu dürfen. Sie hatte nach dem Tod ihrer Großmutter nicht allein schlafen wollen, aber nun, seit ein paar Tagen, war ihre Angst ganz verflogen. Ich half ihr, das Bettchen hinübertragen. »Ich werde nun nicht mehr mit dir schlafen gehen, Mama«, sagte sie. Wir beide wußten nicht, wie wahr sie gesprochen hatte. Nachdem sie ihr Zimmer aufgeräumt, fragte sie mich, ob mir dunkle Decken genauso lieb wären wie die weißen. Ich sagte, sie könne meine weiße gerne für ihre dunkle haben. »Dann bin ich aber so froh, daß ich lauter weiße Decken habe«, sagte sie. Dann wollte sie an den Bach, um sich ganz zu waschen. Ich wunderte mich, warum sie am Montagmorgen sich besonders waschen wollte. »Ach«, sagte sie, »ich möchte ganz sauber sein.« Dann zog sie ihre beste Unterwäsche an. »Aber was machst du denn, du kannst doch nicht alle Tage so herumlaufen!« »Ach, laß mir doch heute die Freude, Mama, ich muß sie heute anhaben! Ich bin so froh, wenn ich in den Sachen gehe.« Dann nahm sie Dich auf den Schoß. Du fingst an, nach Kinderart im Spiel sie ins Gesicht zu schlagen. Ich wollte wehren, aber sie sagte: »Laß ihn doch, Mama! Mit Hedwig kann Michelchen alles machen, was er will. Wenn es auch etwas wehtut, das ist nicht schlimm, wenn nur an Michelchen nichts kommt!« Dann hatte sie überall noch etwas zu richten und zu ordnen, auch in unserem Schlafzimmer. Und sie freute sich, daß heute große Wäsche war. »Dann ist alles im Hause sauber, und dann bin ich so froh!«

Siehst Du, ich habe alles wörtlich behalten, was sie an ihrem letzten Tag gesprochen hat, und ich möchte Dir es so fest ins Herz prägen, wie es in meinem eingebrannt ist. Heute weiß ich, daß Gott aus ihr sprach, der ihre Seele vorbereitete für ihre letzte Stunde.

Ich muß mich dazu zwingen, weiterzuschreiben. Es war mir gestern unmöglich. Wenn ich meine Gedanken auf jenen schrecklichen Tag richte, dann fängt alles in mir zu zittern an. Ich habe einmal gelesen, daß die Muttergottes Kindern erschienen ist – es war nicht in Lourdes, aber irgendwo in Frankreich muß es gewesen sein –, und daß sie dabei weinte. Kann man denn weinen, wenn man im Himmel ist, so habe ich mich damals gefragt. Aber nun ist es mir nicht mehr so fremd. Ich weiß nun, daß Vergangenes gegenwärtig bleiben kann für immer. Die Tränen, die sie unter dem Kreuz vergossen hat, fließen wohl immer noch, und sie sind geflossen damals für Dinge, die heute geschehen.

Der Vater hatte am Nachmittag mit Hilfe Deiner Geschwister einen Wagen Heu geladen, während ich vor der Haustür an der Wäsche war. Es waren nur zwei Lagen über der Leiter. Alle saßen auf dem Wagen, wie ein Kranz von Blumen, als er durch die untere Einfahrt in den Hof fuhr. Während sie absprangen – ich freute mich noch über die flinke Hedwig – kamst Du aus der Haustür, Du warst gerade vom Mittagsschlafe aufgestanden. Der Vater führte den Wagen bis über die Scheune hinauf, um dort auszuspannen und ihn bis an die Heuluke zurückzulenken. In diesem Augenblick sah ich Dich nicht mehr und sagte hastig zu Hedwig: »Schau nach Michelchen, daß ihm nichts passiert!« Sie war fort, ehe ich das Wort ausgesprochen hatte. Ich war in heftiger Unruhe. Auf einmal höre ich das Rollen des Wagens, und die andern schreien »Hedwig«, und da wußte ich, daß etwas Furchtbares geschehen war. Wie ich hinausgekommen, weiß ich nicht mehr. Ich sehe euren Vater, bemüht, den Wagen von der Wand des Heuschobers abzuziehen, und zwischen Wagen und Wand hängt Hedwig, dann bricht sie zusammen, über Dir, Dich fest in den Armen haltend, und ihr Blut spritzt aus ihrer Schläfe über Dich, und mir verschwimmt alles rot vor den Augen. Ich will sie ins Haus tragen, aber da höre ich wie von weither die Stimme eures Vaters: »Laß doch, sie ist ja schon am Verscheiden!« So habe ich sie denn da gehalten, auf dem Schoß, in ihrem Blut, und so werde ich sie halten, so lange ich lebe.

Aber dann schriest Du nach mir, und ich mußte mich Deiner annehmen, da Du zu niemand anderem wolltest. Die Leute liefen zusammen, der Arzt kam, der Dechant kam – ich habe alles nur wie im Traum erlebt, es kam mir vor, als wäre ich selber gestorben.

Du mußt es wissen und ewig daran denken, daß sie für Dich gestorben ist.

Vater hatte die Buben nach der andern Seite geschickt, damit nichts passieren sollte, hatte einen großen Stein untergelegt und ausgespannt, um den Hinterwagen an die Wand unter die Heuluke zurückzulassen. Von den Ochsen reibt sich einer am Wagen, dadurch kam er ins Laufen. Vater kann die Deichsel noch ergreifen. In diesem Augenblick sieht Hedwig Dich hinter dem Wagen, sie springt dazwischen, und ehe Vater ihn völlig zum Stillstehen bringt, war es schon geschehen. Die Leiter hatte sie erfaßt und ihr die Schläfe eingedrückt.

Im ersten wilden Schmerz habe ich nach jemand gesucht, dem ich die Schuld aufbürden könnte, wie das die Menschen ja gerne tun. Beinahe hätte ich eurem Vater Vorwürfe gemacht, aber sein stummes Leid hat mich fast ebenso erschüttert wie das Unglück selber! Ich habe es dann mir – und wie oft ihm – gesagt, daß alles Fügung Gottes war. Man müßte sonst wirklich an das Walten des blinden bösen Zufalls glauben. Gott wollte uns das Kind nehmen, er wollte es zu sich nehmen, so hat der Dechant gesagt, in dem Augenblick, wo der Heiland auch von ihm sagen konnte: »Eine größere Liebe hat niemand, als wer sein Leben hingibt für seine Freunde.« Ich müßte keine christliche Mutter sein, wenn ich meinem Kinde die Herrlichkeit nicht gönnen wollte, die ihm aus dieser letzten Liebe erwachsen sein muß. Ich weiß nicht, wie ich's sagen soll, ich meine, Hedwig war ein Bäumchen, das in voller Blüte stand und zugleich voller Früchte war. Solche Bäume sollen in südlichen Ländern wachsen. Wenn es damals Leute gab, die eurem Vater eine Schuld zusprachen – es waren unverständige Menschen, die über nichts nachgedacht haben. Ich habe mit blutendem Herzen viele Tage und Nächte darüber nachgedacht, und ich weiß, daß Gott sich so nicht von winzigen Zufälligkeiten und menschlichem Unvermögen abhängig macht.

Ich werde ewig daran denken, wie Du, mein lieber Michel, die Tage und Wochen nach dem Begräbnis – viel Rühmens und Klagens war dabei um unsere Hedwig – verstört herumgingst und in allen Winkeln des Hauses und Hofes nach Deiner Schwester suchtest. Du konntest ihren Namen noch nicht richtig aussprechen, und wenn du mit tonloser Stimme »Häbi« und wieder »Häbi« vor Dich hinsagtest, dann kamst Du uns vor wie unser eigenes Leid, das klagend überall umherging, wo sie nun überall nicht mehr war. Wir fürchteten, daß Du ernstlich krank werden möchtest. Aber Du hast es überstanden und wächst und wirst jeden Tag kräftiger. Auch wir haben es überstanden, und unser Leid, erst so dunkel und lastend, wird lichter und lichter; es verliert die grausamen Züge des Unglückstages, und manchmal meine ich, meine Hedwig hindurch zu erblicken, wie sie den Finger auf die Lippen legt, ernst und doch so heimlich froh und ein wenig schalkhaft. Sie war immer zu fröhlichen Streichen aufgelegt, und dies war vielleicht – aber wie blutet mir das Herz dabei! – ihr fröhlichster.

Nun muß ich Dir noch von einem Traum erzählen, den ich kürzlich geträumt habe. Ich glaube jetzt, der hat mir den eigentlichen Anstoß gegeben, Dir das alles niederzuschreiben. Ich habe mehrere Tage daran geschrieben, und es sind viel mehr Blätter geworden, als ich eigentlich vorhatte. Aber es ist gut so. Mündlich hätte ich es Dir nie so sagen können. Wir einfachen Leute tragen solche Worte wohl im Herzen, aber sie wollen uns nicht über die Zunge. Nun danke ich Gott, daß er mir sozusagen gewaltsam die Zeit dafür gegeben hat.

Ich weiß nicht recht, ob ich es im Wachen oder im Schlafen geträumt habe, es war so dazwischen. Der Traum hat mich gleichzeitig beunruhigt und doch auch zuversichtlich gemacht.

Ich sah Dich an einem tiefen Wasser stehen, unter einem dunklen Baum. Du warst schon groß, und doch wußte ich, daß Du es warst. Du standest gebeugt und starrtest immerfort in die Tiefe. Ich sah dort etwas sich bewegen; es war wie wallende Algen oder wie Schlangen oder wie schwarzes Haar, und dazwischen sah ich ein dunkel brennendes Gesicht. Du beugtest Dich tiefer, Dein Auge wurde dunkel, ich meinte hinzuspringen und Dich halten zu müssen, damit Du nicht hinabstürzest. Aber ich konnte mich nicht rühren. Dann sah ich einen Strahl aus den Zweigen kommen. Er fiel gerade auf Deinen Scheitel. Du wehrtest ihn zunächst mit der Hand ab, als wären da lästige Mücken.

Aber dann schautest Du auf, Dein Gesicht wurde heller und froher. Und ich sah, daß es Deine Schwester war, die sich niederbeugte und Deine Hand ergriff. Sie hatte einen Kranz auf dem Haar, davon fielen Blüten herab und leuchteten auf dem Wasser.

Muß ich Dir sagen, was der Traum zu bedeuten hat? Du wirst ihn verstehen, wenn die Zeit dazu gekommen ist. Geh nicht dahin, wohin Deine Schwester nicht mitgehen kann, schau nicht in Augen, aus denen Deine Schwester Dich nicht anschaut. Noch kann ich – soweit Gott es gibt – Deine Schritte behüten. Aber Du wirst einmal aus unserem kleinen Kreis hinaustreten und Dich umschauen auf allen Bergen und Tälern des Lebens. Damit Du dann nicht in seine Abgründe fällst, laß die um Dich sein, die all Dein lichtes Wesen behütet – Deine Schwester!

Die in diesem »Brief« mitgeteilten Begebnisse haben sich im Sommer 1950 wirklich so zugetragen.

Welch Geheimnis ist ein Kind!
Gott ist auch ein Kind gewesen.
Weil wir Gottes Kinder sind,
kam ein Kind, uns zu erlösen;
welch Geheimnis ist ein Kind!
Wer dies einmal je empfunden,
ist den Kindern durch das Jesuskind verbunden.
Welch ein Bote ist ein Kind!
Jedes Wort, das es erquicket,
bis zum Himmelsgarten rinnt,
wo das Wort ward ausgeschicket.
Welch ein Bote ist ein Kind!
Wer dies einmal je empfunden,
ist den Kindern durch das Jesuskind verbunden.
Die im Himmel waren Kind,

die auch, die der Fluch getroffen;
ach, so such ein Kind geschwind,
lehr es glauben, lieben, hoffen!
Die im Himmel waren Kind!
Wer dies einmal je empfunden,
ist den Kindern durch das Jesuskind verbunden.
  Wie gelehrig ist ein Kind!
So wie du es lehrest lesen
in dem Buch, in dem wir sind,
so wird einst sein ganzes Wesen.
Wie gelehrig ist ein Kind!
Wer dies einmal je empfunden,
ist den Kindern durch das Jesuskind verbunden.
  Ach, wer führt dies schwache Kind?
Höll' und Himmel stehen offen,
daß das Lamm dem Wolf entrinnt,
hat es mich wohl angetroffen.
Ach, wer führt dies schwache Kind!
Wer dies einmal je empfunden,
ist den Kindern durch das Jesuskind verbunden.
  Zu mir sendet Gott das Kind,
das nicht weiß, was tun, was lassen;
wie ich gebend bin gesinnt,
wird sein Herz die Gabe fassen.
Zu mir sendet Gott das Kind!
Wer dies einmal je empfunden,
ist den Kindern durch das Jesuskind verbunden.
  Wie so heilig ist ein Kind!
Nach dem Wort von Gottes Sohne
aller Kinder Engel sind
Zeugen vor des Vaters Throne.
Wie so heilig ist ein Kind!
Wer dies einmal je empfunden,

ist den Kindern durch das Jesukind verbunden.
  Welche Würde hat ein Kind!
Sprach das Wort doch selbst die Worte:
Die nicht wie die Kinder sind,
geh'n nicht ein zur Himmelspforte.
Welche Würde hat ein Kind!
Wer dies einmal je empfunden,
ist den Kindern durch das Jesuskind verbunden.
  Wer dies sang, war auch ein Kind,
und ist jetzt ein armer Sünder,
und er schreibt auf Sturm und Wind:
Wachet über Gottes Kinder!
Wer dies sang, war auch sein Kind.
Herr, laß ihn dies heiß empfinden,
sich den Kindern durch das Jesuskind verbinden!
Aus Clemens Brentano: Das Lied vom Kinde

Zwei Dutzend Novizen und eine Braut

Der Titel klingt – nun – ein wenig verfänglich und beinahe so, als könnte es in einem Noviziat Leute geben, die noch nicht jegliches weltliche Gelüst abgelegt haben. Da das aber nach allem, was man hört, in einer solchen Pflanzstätte der Heiligkeit schier unmöglich ist, will ich den Leser nicht hinhalten und eilig erklären, daß es sich bei dieser wahren Geschichte nicht um die Braut eines Novizen handelt, die er etwa – je nach dem Gesichtswinkel – heroisch aufgegeben oder schmählich sitzen gelassen hätte, sondern... nun, man wird sogleich sehen.

Jedenfalls ging in dem betreffenden Noviziat, einem früheren Barockschloß, trotz der vorauszusetzenden heiligen Gelassenheit seiner Mitglieder an einem bestimmten Herbsttag eine merkliche Unruhe um. Jedesmal, wenn ein Zug aus Richtung Bamberg im nahen Ort einlaufen mußte, begaben sich etliche Fratres, mehr oder weniger verstohlen, auf Ausguck. Es war zwar allgemein üblich, zwischen den geistlichen Übungen einen Blick in den herrlichen Maingau zu werfen, natürlich nicht aus Neugier, sondern um sich aus der Schöpfung neu einzustimmen zum Lob des Schöpfers; aber diesmal war es offensichtlich ein ganz bestimmtes Geschöpf, das die braven Novizen in Spannung hielt, und zwar, ich muß es nun doch sagen, wirklich eine junge Dame: sie sollte an jenem Sonnabend aus der Landeshauptstadt eintreffen.

Dabei war sie noch keinem von ihnen bekannt. Umso besser kannten sie ihren Verlobten, den Bildhauer – geben wir ihm einmal den Namen Heinz –, der in jenen Wochen das große Altarbild der Hauskapelle, eine Kreuzigungsgruppe, fertigstellte. Sie hatten ihn bei seiner Arbeit und in den Stunden der Erholung, die er mit ihnen teilte, kennen und schätzen, um nicht zu sagen lieben gelernt. In seiner grundechten Art und in seiner Liebe zum Hause Gottes war er wie einer von ihnen. Es war ihnen auch nicht verborgen geblieben, daß er lange zwischen seiner Klostersehnsucht und dem Dienst Gottes in Beruf und Familie hin und her geschwankt hatte. Besonders Frater Jörg, der mit seinem athletischen Körper für den Hauptmann unter dem Kreuz Modell gestanden, und Frater Sepp, der als früherer Maurergesell dem Künstler bei der Arbeit helfen durfte, hatten ihn ins Herz geschlossen. Kein Wunder, daß sie und alle übrigen nun dem Besuch seiner Braut, die sich für jenen Tag angesagt hatte, mit Spannung entgegensahen. Sie erwarteten naturgemäß, daß Heinz sich in dieser für sein Leben so wichtigen Angelegenheit ebenso griffsicher gezeigt hatte wie in seiner Kunst.

Ich könnte nun ausholen und die Geschichte seiner Liebe erzählen; denn ich habe aus sicherer Quelle mancherlei darüber erfahren. Aber lassen wir das für eine andere Gelegenheit und beschränken wir uns auf die Ereignisse dieses Tages. Tatsache ist leider, daß sie unseren Freunden zunächst eine gründliche Enttäuschung brachten.

Sepp und Jörg hatten nun schon zum dritten Mal ihren Beobachtungsposten hinter den Fenstern des oberen Stokkes bezogen, von wo aus man das Gelände vortrefflich überblicken konnte: den alten Schloßpark, das Portal in der Umfassungsmauer und die Lindenallee, die sich schnurgerade bis zum Dorf hinstreckte. Mißlich war, daß man seine Gedanken, derweil für jenen Nachmittag strenges Stillschweigen vorgeschrieben war, nur durch Zeichen austauschen konnte, aber man hatte darin, von den Verhältnissen gezwungen, bereits eine beachtliche Fertigkeit entwickelt. Daß die beiden solcherweise nur den Buchstaben des Gesetzes, nicht aber seinen Geist erfüllten, darüber sahen sie hinweg und wollen auch wir in Anbetracht der besonderen Umstände großmütig hinwegsehen.

Es fuhren also plötzlich hinter zwei Fenstern zwei Arme gleichzeitig in die Höhe, und das bedeutete: Achtung, sie kommt! In der Tat zeigte sich am Ende der herbstlichen Allee ein nicht zu übersehender knallroter Fleck, der sich zusehends vergrößerte und sich bald um einen pfauengrünen oben, zwei samtgrüne unten, einen pfauengrünen links und um einige andere von zarten Tönen vermehrte, solchermaßen den stärksten Akzent in dem impressionistisch bunten Bild darstellend. Dieser Akzent wandelte, besser gesagt stelzte, auf Stöckelschuhen die gerade Allee herauf und war sich offensichtlich seiner beherrschenden Stellung bewußt. Nun gut, Heinzens Braut war Studentin in der Textilklasse einer Kunstakademie, und die beiden Beobachter hätten sich wohl nicht getraut, mit ihr einen Streit über Farbengeschmack vom Zaune zu brechen, ebensowenig wie die an anderer Stelle postierten; aber je näher das Jungfräulein kam, desto länger wurden die Gesichter und enttäuschter die Gebärden. Als Frater Sepp schließlich auch noch im Gesicht der farbenreichen Figur einen knallroten Punkt feststellen mußte, hielt er es oben nicht mehr aus und sauste die Treppen hinunter, auf seine klerikale Würde sehr wenig bedacht. Das ermöglichte ihm, scheinbar zufällig an der Besucherin vorbeizugehen, während sie die Klosterpforte betrat; und der kurze, aber umfassende Blick, mit dem er sie anschaute, drängte ihm ein vernichtendes Urteil unabweislich auf: Auch im Falle Heinz klafften Leben und Kunst sternenweit auseinander. Frater Sepp, für seinen Teil, konnte an der jungen Dame wirklich nichts Anziehendes entdecken, zum mindesten erschien die ganze Zusammenstellung unecht: Der schlangenähnliche Gang, die affige Art, wie sie Schirm und Handtasche trug, das südländische Braun des Teints (aufgelegt), das nordische Blond des Haares (Wasserstoffsuperoxyd), die nachgezogenen Augenbrauen, die das Rot des Mantels noch überschreienden Lippen, die riesigen Clips an den Ohren – all das war ganz und gar nicht nach seinem Geschmack.

Auf welche Einfälle kommt man nicht, wenn einem die gebräuchlichen Verständigungsmittel versagt sind, anderseits aber eine heftige Gemütsspannung unwiderstehlich zur Auslösung drängt! Frater Sepp riß zwei Dahlien ab, heftete sie sich mittels Briefklammern, die er glücklicherweise in der geräumigen Tasche seines Habits vorfand, an die Ohren und erschien so geschmückt mit den entsprechenden Bewegungen und Grimassen im Arbeitsraum des jungen Künstlers, zu dem die Kunde, die unter den Novizen bereits vielerlei Kopfschütteln ausgelöst hatte, offenbar noch nicht gedrungen war. Heinz schaute einigermaßen verdutzt auf die seltsame Erscheinung, aber ehe er um eine Erklärung bitten konnte, war sein Freund Sepp wieder verschwunden – es hatte ihn auf einmal heiß überlaufen, daß sein Benehmen geradezu als Beleidigung empfunden werden könnte. »Über Geschmäcker läßt sich halt nicht streiten«, dachte er bekümmert. So dachten auch die übrigen Novizen, als sie zu Bett gingen und ihre Enttäuschung in den Kissen begruben.

Der athletische Frater Jörg aber träumte in dieser Nacht, er müsse wie weiland sein Patron das Schwert gegen eine

Riesenschlange schwingen, nicht zwar für eine arme Jungfrau, sondern für einen gefangenen Ritter, und die Schlange hatte ein pfauengrünes Federhütchen auf und große Clips an den Ohren.

Er träumte das vielleicht im selben Moment, als sich der gefangene Ritter im Gastzimmer des Klosters von seiner Braut verabschiedete. Aber diese Braut hatte keine Clips in den Ohren und kein platingelbes Haar und keine geschminkten Lippen. Sie war ein echtes bayrisches Mädel mit sicheren, bemessenen Bewegungen und mit klaren, tiefblickenden Augen in einem Gesicht, wie es sich wohl Meister Schiestl als Modell für eine seiner Madonnen gewünscht hätte. Sie war erst mit dem Abendzug eingetroffen, zu einer Stunde, als die vermeintliche Braut nach Erledigung ihrer Angelegenheit das Kloster längst wieder verlassen hatte.

Für die bekümmerten Novizen aber klärte sich, zu ihrer großen Genugtuung, das Mißverständnis am nächsten Morgen auf, als der junge Künstler und seine wirkliche Braut gemeinsam zum Tisch des Herrn schritten. Vermutlich empfindet es der geneigte Leser als irgendwie unschicklich, wenn ich vorschlage, das Wort der Schrift »Sie erkannten Ihn am Brotbrechen« auf dieses Begebnis anzuwenden. Da aber das heilige Brotbrechen in der Gemeinschaft des Herrn, wie ich zuverlässig weiß, für das junge, inzwischen glücklich vereinte Paar wirklich die Lebensmitte bedeutet, wie es ja in jeder christlichen Familie sein sollte, so mag es ruhig hier stehenbleiben.

Die Zwangsvollstreckung
Ein Kind betet zum hl. Nikolaus

Unter den Sonderakten meines Freundes H., seines Zeichens Gerichtsvollzieher in einer Stadt des rheinischen Industriegebietes, befindet sich ein Vollstreckungsbefehl »auf Herausgabe einiger Kleidungsstücke«. Die Akte wurde unter dem Datum des 6. Dezember 1963 geschlossen mit dem kurzen Vermerk: »Der Vollstreckungsantrag wird zurückgezogen. Kostenrechnung 3,90 DM.«

Von dem Schicksal dreier Menschen, das an jenem Tag eine glückliche Wendung nahm, steht in der Akte nichts. Es handelte sich um eine verstörte junge Frau, um einen verzweifelten Mann, ein reizendes kleines Mädchen; beteiligt an dem Geschehen waren der Gerichtsvollzieher, ein von ihm beauftragter Spediteur – und, als Figur hinter den Kulissen, wie wir anzunehmen einigen Grund haben, der heilige Nikolaus.

Mancher kann sich einen Gerichtsvollzieher kaum anders vorstellen denn als herz- und gefühllosen Paragraphenmenschen, den keine menschliche Not anrührt. Mein Freund ist alles andere eher als das.

Zwar hat er mit den Paragraphen jeden Tag einen Kampf zu führen, für den man ihm ein Buschmesser wünschen möchte – so dicht ist das Gestrüpp seiner über 400, in schönstem Amtsdeutsch abgefaßten Dienstvorschriften. Zwar führt der baumlange Kerl, wenn er in bestimmten Vorortstraßen seines Bezirks Dienst tut, einen Schlagring mit sich, für alle Fälle. Zwar muß er manchmal wirklich ein harter Mann sein, wenn nämlich gewisse »Klienten« – und in solchen Fällen macht er sich kein Gewissen daraus – mit offenem Einsatz ihrer spezifisch weiblichen Waffen den Vertreter der Obrigkeit ins Garn zu locken versuchen. Aber im übrigen... jedenfalls, wenn er an jenem Dezemberabend die vor einem Marienbild brennenden Kerzen nur verschwommen erblickte, so lag das nicht daran, daß er etwa kurzsichtig gewesen wäre.

Es war ein neblig-feuchter Tag; der Smog der Industrie-Abgase legte sich wieder einmal beklemmend auf die Lungen. Die Lampen in der G...straße brannten düster, als der Gerichtsvollzieher den Spediteur anhalten ließ, weil er sich vergewissern wollte, ob die junge Frau N. zu dem anberaumten Termin um 18 Uhr erschienen sei. Als er ausstieg, trat sie aus dem Schatten eines Mauervorsprungs. Ihr Gehaben und die paar Worte, die sie wechselten, verrieten einen verstörten und mehr als aufgeregten Gemütszustand. Ob sie nicht doch zu ihrer Wohnung mitkommen wolle? Nein, sie habe Angst vor einem Zusammentreffen mit ihrem Mann... Er habe solche Drohungen ausgestoßen...

Eine dumme Geschichte, dachte der Beamte, während er weiterfuhr, und daß man sich ausgerechnet am Nikolausabend damit befassen muß. Nach einer erregten Auseinandersetzung hatte die Frau Mann und Kind verlassen und seither in verschiedenen Hotels gewohnt. Dann hatte sie, unzureichend versorgt, wie sie war, beim Amtsgericht eine einstweilige Verfügung auf Herausgabe einiger Kleidungsstücke erwirkt, und mit dieser Verfügung in der Tasche betrat H. nun die Wohnung ihres Mannes.

Die ebenerdige Wohnung machte einen durchaus ordentlichen und gepflegten Eindruck. Nun kommt ein Gerichtsvollzieher in so viele Häuser, daß er leicht auch etwas vom Geist ihrer Bewohner spürt, und hier hatte er sofort das Gefühl, daß nur eine Art Kurzschluß die beiden Eheleute auseinandergebracht haben könne. Was ihm durch die Darstellung des völlig niedergeschlagenen Mannes, der sich zuerst weigerte, die Kleidungsstücke herauszugeben, bestätigt wurde. Die Auseinandersetzung hatte sich an einer dummen Geldangelegenheit entzündet und sich – in den Jahren ihrer Ehe zum ersten Mal – zu einem handfesten Krach gesteigert. Dabei waren dem Mann, wie er freimütig zugab, die Nerven völlig durchgegangen. Seine Frau habe, so sagte er, offenbar einen Schock erlitten und in überstürzter Eile das Haus verlassen. Sein unbeherrschter Ausbruch habe ihn sehr bald und bitter gereut, er habe sich bemüht, ihren Aufenthaltsort in Erfahrung zu bringen, doch sei ihm das bis jetzt leider nicht gelungen.

»Aber Sie wissen«, so fuhr er erregt fort, »wo meine Frau ist. Ich gebe Ihnen nichts heraus, nichts, bringen Sie mir meine Frau wieder! Sagen Sie ihr doch, daß alles längst vergessen ist, sie soll doch meine Drohungen nicht ernst nehmen! Bringen Sie mir meine Frau und meinem Kind seine Mutter wieder!«

Bevor H. dazu Stellung nehmen konnte, betrat ein reizendes kleines Mädchen im Schlafanzug das Wohnzimmer. Es blinzelte erst ein wenig ins Licht und richtete dann die großen blauen Augen fragend auf den fremden Mann.

»Onkel, kommst du vom heiligen Nikolaus?«

»Ich... ja Kind, wie meinst du das?«

»Ich habe doch so viel zum heiligen Nikolaus gebetet, daß er uns die Mama wiederbringen soll. Bringst du uns die Mama wieder, Onkel?«

Der Mann zog das Kind an sich. »Sehen Sie, so ist das nun. Jetzt ist das Kind schon über vierzehn Tage ohne Mutter. Und im Kindergarten und auf der Straße rufen ihr die

Kinder nach: ‚Ätsch, du hast ja keine Mama! Deine Mama ist ja fortgelaufen...' Nur ruhig, Inge, weine nicht, Mama wird schon wiederkommen.«

Von diesem Augenblick an hatte der Mensch in H. über den Beamten endgültig die Oberhand gewonnen. Es blieb für ihn nur die schwierige Frage, wie er beide: sein Herz und die Paragraphen, in Einklang bringen könne.

»Wissen Sie, Herr N., ich mache Ihnen einen Vorschlag. Ich werde von mir aus gerne alles tun, daß Sie Ihre Frau wiederbekommen und das Kind seine Mutter. Aber schließlich, gesetzlich muß die Sache ja auch in Ordnung kommen, das wird einfach von mir verlangt. Machen wir es doch so: Sie erklären sich bereit, die Sachen herauszugeben – das ist die Grundbedingung. Nun sind hier auf der einstweiligen Verfügung wohl die gewünschten Kleidungsstücke aufgeführt, aber im einzelnen nicht exakt bezeichnet, so daß Sie, wie Sie schon sagten, nicht genau wissen können, welche gemeint sind. Ich würde also Ihrer Frau nahelegen, herzukommen und selbst auszuwählen. Wenn Sie dazu bereit ist, so hängt alles Weitere wesentlich von Ihnen ab. Auf keinen Fall darf es Ärger geben, das müssen Sie mir unbedingt versprechen, sonst sähe ich mich schließlich sogar genötigt, die Polizei zu bemühen.«

»Aber wo denken Sie denn hin! Bringen Sie uns nur die Mutter wieder! Ich verspreche Ihnen hoch und heilig« – der Mann überstürzte sich im Sprechen – »also, es wird bestimmt alles gut gehen. Sagen Sie ihr doch, daß alles längst in Ordnung ist. Und wenn sie meinetwegen nicht käme, sie soll doch an das Kind denken!«

Die Frau zitterte, als H. aus dem Wagen stieg und sie zum zweiten Mal ansprach. Es bedurfte dann nicht allzuvieler Worte – in solchen Fällen kann mein Freund, trotz seiner jungen Jahre, eine sehr väterliche Note ins Spiel bringen, nicht gespielt, sondern von Herzen – es machte ihm also nicht allzuviel Mühe, die junge Frau zum Mitkommen zu bewegen. Aber das nervöse Zittern fiel auch während der kurzen Fahrt zu ihrer Wohnung nicht von ihr ab.

Dann, an der Haustür, tat mein Freund etwas, was ihm fast im selben Augenblick leid tat: Er läutete und trat allein in den Flur, um die draußen stehende Frau anzumelden. Vater und Tochter stürzten aus dem Wohnzimmer auf ihn zu: »Sie ist nicht mitgekommen?« – Das Entsetzen in ihren Augen wird er sein Leben lang nicht vergessen. »Aber ja, sie ist ja schon draußen!«

Und dann – die Umarmungen, die halberstickten Worte, die Tränen, die Küsse – »Nein, ich versuche gar nicht, das zu beschreiben«, erzählte mein Freund, »sowas habe ich noch nicht erlebt. Ich habe mich natürlich diskret im Hintergrund gehalten, aber sie ließen die Tür zum Wohnzimmer offen, und so erlebte ich die Szene wie auf einer Bühne mit. Also sie hatten vor dem Marienbild eine Menge Kerzen angesteckt, es war schon mächtig feierlich und ging einem irgendwie an die Nieren. In diesem Augenblick war mir auch gewiß, daß ein Zusammenhang bestehen müsse zwischen dem Beten des Kindes und dem Termin, der nach verschiedenem Hin und Her ausgerechnet am Nikolausabend zustandegekommen war.

So habe ich wohl an die zehn Minuten dagestanden, die guten Leute hatten in ihrem Glück mich und die ganze Welt vergessen. Aber schließlich, der Spediteur wollte ja wieder nach Hause und ich auch, unser Klaus sollte doch seinen Namenstag nicht ohne den Papa feiern müssen, und so habe ich mich denn bemerkbar gemacht. Daß es dann, unter den veränderten Verhältnissen, keinerlei Schwierigkeiten machte, die Angelegenheit auch amtlich zum Abschluß zu bringen und aktenkundig zu machen, bedarf kaum der Erwähnung.

Nachzutragen wäre noch, daß der Spediteur, in Anbetracht der besonderen Umstände, auf eine Berechnung seiner Fahrtkosten verzichtete, und schließlich, daß am Heiligabend der Postbote ein doppelseitiges Glückwunschtelegramm ins Haus brachte: »Die allerbesten Wünsche zum Weihnachtsfest von Ihrer dankbaren Familie N.«

Soweit mein Freund, der »Paragraphenmensch«.

Die Frau von der Thaya
Eine Begegnung

Gott hat seine Gnaden nicht an die Sterne des Himmels geheftet; wir könnten sie von dort nicht herunterholen. Gott hat seine Gnaden nicht wie die Perlen in die Tiefe des Meeres versenkt; wir könnten sie von dort nicht heraufholen. Gott hat seine Gnaden in Mutterhände gelegt, weil ein Mutterherz immer bereit ist, mit vollen Händen auszuteilen.   *Kardinal Faulhaber*

Spätherbst 1956. Der Schnellzug München–Frankfurt schwang eben leise an, als ich meinen Fuß auf den Tritt und den Koffer auf die Plattform setzte. Schlimm wäre es nicht gewesen, hätte ich auf einen späteren Zug warten müssen. Aber der Wettlauf mit den Minuten verschafft mir – immer noch – ein prickelndes Gefühl, und zudem war ich später nicht wenig dankbar dafür, daß ich gerade in jenes bestimmte Abteil geriet.

Daß man einem unverwechselbar geprägten Menschen begegnet und in ihm dem Rauschen lebendiger Quellen, das kommt in unserer von Massenfertigung und Fließband gezeichneten Gesellschaft nicht eben häufig vor und muß als Geschenk genommen werden. Weil mich eine prachtvoll in hoher Felswand verwurzelte Hagbuche zu allzu naher Besichtigung verlockt hatte, bin ich vor Jahren einmal abgestürzt, beinahe zu Tode; wieviel herrlicher ist es, einem Menschen zu begegnen, dessen Wurzeln sichtbar im Unsichtbaren verankert sind.

Nach einer solchen Begegnung sah es freilich fürs erste gar nicht aus. Das rundliche Frauchen, eine Mittfünfzigerin, die sich in dem sonst freien Abteil mit einem Satz großer Pakete abmühte, schien ebenso in der Unrast aufzugehen wie andere geplagte Zeitgenossen. Fast habe sie den falschen Zug erwischt, erzählte sie mit stoßendem Atem, und das mit all den Eiern – ja, dreihundert Stück habe sie in B., wo Bekannte von ihr wohnten, gekauft. Und nun, so fügte sie halb schmerzlich, halb mit lustiger Selbstverspottung hinzu, hätte sie am liebsten auf dem Markt in München alles wieder verkauft; denn in Stuttgart, wohin sie gehöre, seien eben, die Zeitungen hätten's geschrieben, dänische Eier in den Handel gekommen, in ausreichenden Mengen. Die Kinder würden sie schön auslachen, wenn sie mit ihren Schätzen ankäme, aber sei's! Man habe den Schrecken und die Sorge einer gottlob nun ausgestandenen Zeit wohl noch zu tief in den Knochen sitzen.

Die gute Frau war glücklich, als wir ihr schweres Gepäck ordentlich untergebracht hatten, und wohl auch darüber, daß sie einen teilnehmenden Zuhörer fand. Eine lautere, spiegelblanke Seele, das war der Eindruck, der sich mir aufdrängte, als wir uns gegenübersaßen. In diesem Gesicht war nichts von Falschheit, nichts von Schläue oder Hinterhältigkeit, und eine wunderbare Tiefe und Wärme in diesen mütterlichen Augen – schöner konnte nicht der stillste Bergsee unergründliche Tiefe und lautere Klarheit vereinen.

Und nun tat sich vor mir das Buch eines einfachen Lebens auf, das geprägt war von nie versagender Hingabe und tapfer bestandener Not. Ich will es hier nachzeichnen. Da ich aber nicht die Feder eines Adalbert Stifter führe, des

Landsmannes dieser Frau, will ich auf wenige Zeilen zusammenrücken, was sich vor mir in zwei Stunden gemeinsamer Bahnfahrt an menschlichen Schicksalen entfaltete, um dann ein wenig an jener Stelle zu verweilen, wo in dieses unscheinbare Leben die Wirklichkeit des Jenseitigen übergroß hereinbrach: in der Weihnacht des Jahres 1947.

Sanftes Hügelland an der Thaya, dem tschechischen Grenzfluß, Wälder, Wiesen, fruchtbare Äcker, mitten darin ein hablicher Hof, dessen blanke Fensterscheiben hinübergrüßen nach Österreich; glückliche Tage der Braut, gesegnete der Mutter, Kinderjauchzen und Kindertränen, ein friedsames, an den Jahreskreis mit Aussaat und Ernte gebundenes Werken; all das ersteht bildhaft vor mir aus schlichten Worten, deutlicher noch aus sprechenden Händen und einem jede Regung der Seele offenbarenden Antlitz. In diese friedliche Welt bringt das achtunddreißiger Jahr die erste Unruhe, reißen die nachfolgenden unheilbare Wunden: Der Mann und der Älteste fallen im Osten, der zweite Sohn verstummt seit Stalingrad. Blutenden Herzens werkt die Mutter weiter mit der Tochter und den drei Jüngsten, auch nach dem Zusammenbruch, der den Fluß zur Schicksalsgrenze für die Deutschstämmigen werden läßt. Sie können sich zwar, während die Austreibung das Grenzland entvölkert, auf dem Hof halten, Jahre noch, aber nicht als Herren, sondern als Hörige: ein Russe, der sich stolz als Tatar bezeichnet, setzt sich darauf und verwirklicht auf ihrem Rücken, in ihrem Schweiß und ihren Tränen, seinen Herrentraum. Während die halbwüchsigen Knaben sich für ihn schinden müssen, umlauert er das Mädchen, und das Entsetzen vor der drohend geschwungenen Axt macht die Veronika für immer gemütskrank. Als der Tatar dann mit allem handlichen Gut den Weg zurück in sein Land nimmt, müssen auch sie den Hof verlassen, der immer noch, so arm auch ihr Leben geworden war, Heimat und Hoffnung gewährt hat. Der bittere Weg führt nach Deutschland, über Behördenstellen und Lager, zu mitleidigen und öfter zu abweisenden Menschen, bis er im Stuttgarter Raum ein Ende findet. Hier haben sie sich inzwischen heraufgearbeitet und ein kleines Grundstück erworben, und nun ist das eigene Haus bereits unter Dach.

In mütterlichem Stolz berichtet sie, wie die drei Söhne zusammenhalten und jede freie Stunde, jeden ersparten Groschen für das neue Zuhause anlegen, und wie sie rührend um die kranke Schwester besorgt sind, so daß die Mutter ohne Bangen der Stunde entgegensieht, wo sie die Veronika auf der Erde zurücklassen muß. Der Älteste wird nun bald heiraten, der Jüngste in ein Spätberufenenheim eintreten, um den Traum seines Lebens zu verwirklichen: im Priestertum.

Die Frau hat eigentlich nie von sich erzählt – ihr Leben geht im Leben ihrer Kinder auf. Ein schlichtes Leben, eine einfache Geschichte. Sie erzählt sie nicht der Reihe nach, in zeitlicher Abfolge, und doch wächst alles in einer schönen Ordnung vor mir auf, in der Ordnung eines starken und ganz und gar mütterlichen Herzens. In allem ist sein Pulsschlag fühlbar, und darin ständig, aber in einer hohen Stunde überwältigend, aus dem tiefsten Elend aufbrechend, der Pulsschlag des Herzens aller Herzen.

»Es war Heiligabend, als sie uns über die Grenze jagten. Der Ort, in den wir kamen, war von Vertriebenen überfüllt, man wies uns als Unterkunft einen leerstehenden Stall zu. Er war wohl gesäubert und notdürftig hergerichtet, aber es war ein Stall, und der Geruch von den Tieren hing noch darin. Und da, Hochwürden, hab ich die größte Seligkeit meines Lebens empfunden – ob Sie's vielleicht nicht glauben mögen – wirklich und wahrhaftig, nie in meinem

Leben hab ich eine größere Seligkeit empfunden!«

»Ich glaube es Ihnen gern, gute Frau! Im größten Elend – ja das gibt es ...«

»Wissen Sie, Hochwürden, ich habe auf einmal die heilige Mutter mit dem Kindlein im Stall von Bethlehem vor mir gesehen, nicht so ... es ist nicht zu sagen, wie das war, und die Veronika, die gerad wieder den Weinkrampf hatte, sah ich in ihren Armen – und hatte sie doch in meinen Armen, ich *und* sie, die heilige Mutter – es war gerade so als wenn ... aber das darf man doch nicht sagen! – ach, Hochwürden, eine so große Glückseligkeit habe ich nie gehabt, nie in meinem ganzen Leben!«

Ich glaube zu wissen, was du sagen wolltest, Frau von der Thaya, aber in keuscher Zurückhaltung nicht sagen konntest: daß du an jenem Weihnachtsabend, als du die Grenze deiner Heimat überschreiten mußtest, die Grenzen der irdischen Enge übersteigen durftest, um einen Blick zu tun in jenes unausdenkbare Geheimnis, in dem wir Glieder des einen Leibes sind und zugleich teilnehmen an der Mutterschaft jener, die Ihn und seine Glieder geboren. Da sahst du deinen Mutterschmerz und deine Mutterliebe aufgehoben im Herzen jener Mutter wie den Tropfen im Meer und deine Kinder eingeschlossen in dieses himmlische Erbarmen.

Wir haben danach noch manches Wort gewechselt, aber keines rührte so an das Hohe, und keines ist mir so haften geblieben wie jenes von deiner größten Seligkeit. Es war nur ein kleiner Dank für dieses Wort, daß ich dir beim Umsteigen die vielen Pakete zum Eilzug hinübertrug, und du wußtest nicht, gute Frau, wie mich dein oftmals wiederholtes, verwundertes »Vergelt's Gott!« beschämte. Du wußtest nicht, wieviel du mir geschenkt hast.

Vorsicht! Minen!

Beim Durchblättern der Zeitung stoße ich auf einen Bericht, in dem von Minenlegen und Minenräumen während des Zweiten Weltkriegs und der Zeit danach die Rede ist, und plötzlich steht wieder eine Szene vor meinem Auge, an die ich lange nicht mehr gedacht habe. Als Sanitäter hatte ich oft genug mit Minen zu tun, will sagen mit ihren schrecklichen Folgen. Nichts fürchteten die Landser mehr als diese unheimlichen Mordinstrumente, diesen Tod, der sie ohne Warnung und Gegenwehr aus der unschuldigen Erde ansprang.

Ein paar Monate vor der Tragödie von Stalingrad erlebte ich, etwa 200 km von dieser Schicksalsstadt entfernt, einen wunderbaren Spätsommer. Wir lagen mit unserm Feldlazarett im großen Donbogen, in Bokowskaja am Flüßchen Tschir, und hatten, abseits von den großen Verbindungslinien, nicht eben viel zu tun. Die Luft leuchtete in herrlicher Klarheit, die weite, flache Talsohle war von einem Meer von lilafarbenen Blüten bedeckt – man hätte sich im tiefsten Frieden wähnen können, wenn nicht immerzu der ferne Geschützdonner gewesen wäre. Nachts hörten wir in der Steppe die Wölfe heulen.

Wir behandelten, wenn es not tat, auch Zivilisten. Eines Tages wurden zwei etwa zwölfjährige Mädchen von den verzweifelten Angehörigen zu uns gebracht, Freundinnen, die ahnungslos auf eine jedenfalls noch vom Rückzug der

Roten Armee stammende Mine getreten waren. Beide Operationsgruppen machten sich sofort an die Arbeit – ohne wirklichen Erfolg: das eine Kind lebte noch vier, fünf Tage, das andere, das meiner Gruppe anvertraut wurde, lag praktisch schon im Koma und starb uns unter den Händen. Ich halte mich nicht auf mit der Schilderung des Gräßlichen, was die Mine angerichtet hatte – was mich damals mehr erschütterte und heute noch tief bewegt, war etwas anderes: Als wir den jungen Leib von den Fetzen freimachten, die die Explosion noch an ihm gelassen hatte, versuchte das Mädchen, das außer einem leisen Stöhnen kein Lebenszeichen mehr von sich gab, in einer letzten Anstrengung mit seiner fast entfleischten Hand seine Blöße zu bedecken. Eine Stunde später konnten wir der armen, schreienden Mutter nur eine Leiche übergeben.

Niemals habe ich so unvermittelt und so eindringlich erfahren, daß die Schamhaftigkeit ein elementarer Reflex, ein Urverhalten des Menschen ist – wer wollte angesichts einer solchen Reaktion von etwas Anerzogenem sprechen! Wenn sich die Schamhaftigkeit bei einem gesunden, unverdorben aufblühenden Kind noch in einem solchen Augenblick so unwiderstehlich geltend macht, dann ist es zudem klar, daß der Schöpfer wichtigste Lebenswerte an sie geknüpft hat.

Nachher muß ich in die Stadt, und ich weiß: wenn ich an bestimmten Stellen nicht bewußt wegschaue, springen mich schamlose Bilder, Minen der Schamlosigkeit, an. Arme Kinder, armes Volk! Und wenn ich daran denke, daß außerdem in den Schulen auf die Wehrlosen ein gezieltes Trommelfeuer der Verführung niedergeht, dann packt mich der Zorn: Warum läßt der Staat, warum läßt die Kirche verzweifelnde Eltern und eine kleine Gruppe idealgesinnter Menschen allein in ihrem Kampf um die Reinheit der Jugend, gegen die moralische Zersetzung des Volkes? Schlimmer, warum leisten manche ihrer Vertreter praktisch Zuhälterdienste? Wehe der Welt um der Ärgernisse willen...!

Das Kunstwerk Gottes
Die Geschichte einer Verwandlung

»Herr, hier sind meine Hände! Lege darauf, was Du willst, nimm hinweg, was Du willst, führe mich, wohin Du willst – in allem geschehe Dein Wille!« – Dieser Spruch hing über dem Sterbelager eines Mädchens, dessen künstlerische Anlagen Großes erwarten ließen, mit dem Gott aber Größeres vorhatte.

Es war in jenen Tagen, als die Wölfe wieder aus den Wäldern kamen. Der Glanz der Krippe und des Kreuzes hatte sie einst verscheucht aus den Siedlungen der Menschen und aus ihren Gedanken; aber nun gingen falsche Propheten um und verkündeten, man müsse die Tiere wieder herbeilocken, die würden im Sprung die Welt erobern, und dann werde das Reich kommen und die Herrlichkeit. Und so sah mancher späte Wanderer aus den schwarzen Wäldern unheimliche Augen glühen, und Eiseskälte befiel ihn, Entsetzen vor dem, das da kommen mußte.

In jenen Tagen also war es, da geschah in einem Tal am Saum der großen Wälder ein heimliches Wunder. Erst nur wenigen bekannt, breitete sich die Kunde bald aus, und die Menschen kamen von den Dörfern und Waldhöfen, manche durch schneeverwehte Schluchten und über eisverharschte Berghänge, Menschen, die das stille Leuchten im Auge trugen, Kinder vor allem, aber auch ihre Mütter, und mancher wetterharte Bergbauer und sehnige Holzfäller trat mit verlegenem Gruß in die Stube, in der die Krippe stand. Diese Krippe nämlich war das heimliche Wunder, das die Menschen anzog.

Mancher mag nun denken, daß sie vielleicht ein großes Kunstwerk war aus alter Zeit, das man irgendwo im Winkel entdeckt, oder daß sie von einem berühmten Meister in der Stadt geschaffen worden und sich auf seltsamen Wegen in die weltferne Gegend verloren hatte. Aber mit der Krippe verhielt es sich anders. Ein einfaches Mädchen hatte sie geschnitzt und aufgestellt, ein Mädchen, das nie weder eine Stadt noch einen Meister noch ein Kunstwerk gesehen hatte. Und doch hatte es ein Kunstwerk geschaffen. Die Menschen, die zu ihm pilgerten, erkannten darin sich selber, ihre Mütter, ihre Kinder, ihre Schwestern und Brüder, herb und verschlossen, wie die Leute vom Gebirge dort sind; in diesen Figuren sahen sie die linkische Bewegung ihrer Hände zart lebendig werden, und ein Leuchten von innen kam aus den rauhen Gestalten, die sich vor dem Kinde neigten. Und die Mutter, die es auf den Armen hielt, war eines von ihren Mädchen, aber so edel und liebreizend, daß die Betrachter eine himmlische Lust im Herzen ankam, und daß sie später manchmal inne hielten auf ihren Gängen oder wenn sie Heu rupften für das Vieh, weil ihnen dieses heiligsüße Bild vor die Augen trat.

Aber nicht eigentlich von dieser Krippe wollte ich erzählen, sondern von dem Mädchen, dem Gott eine so große und seltene Gabe verliehen, das Tierhafte im Menschen zu bannen und das Antlitz seines Engels hervorscheinen zu lassen. Erzählen will ich, wie es eine große Schnitzerin werden wollte, wie es Gott aber anders vermeinte und an sie selber das Schnitzeisen anlegte, bis sie unter unsäglichen Schmerzen wurde, was Er ihr bestimmt hatte: sein edles und reifes Kunstwerk.

Es dürfen die Gelehrten unter den Spinnweben verfallender Häuser den Ratten noch so viele Papierschnitzel abjagen, sie mögen die Gehirnmasse eines Menschen wiegen, mögen den verschiedenen Quellrinnsalen seines Blutes nachspüren und seinen mannigfachen Begegnungen auf den Straßen des Lebens – niemals werden sie feststellen können, woher der Geist kommt und wohin er weht. Es mag sich im väterlichen Stammbaum jenes Mädchens in den vielen Generationen der Zimmerleute, Wagner und Tischler – dort oben mußten sie das alles zugleich sein – allmählich ein besonderes Formgefühl entwickelt haben, und der Ernst der Wälder und der Tiefsinn der alten Geschichten, die man sich dort noch erzählt, mögen sein Sinnen in eine bestimmte Richtung gelenkt haben; aber letztlich besagt das alles nichts über das Geheimnis der Berufung, in das uns Gott jeden Einblick verwehrt hat. Er teilt seine Gaben aus nach freier Wahl, und dabei kann niemand voraussehen, ob sie ihm geschenkt sind zur Erfüllung hier auf Erden oder zum Opfer, zu jener erhabensten Erfüllung also in einer feurigen Verwandlung, von der wir kaum etwas wahrnehmen als die Qualen und die zurückgelassene Asche. Und hat Gott dies Höchste mit einem Menschen vor, so geht er mit einer erschreckenden Zielstrebigkeit zu Werke bei der Bereitung seines Opfers.

Zu dieser Opferbereitung gehörte es, daß er dem Mädchen einen starken Willen gab und einen klugen Verstand, ja, daß überhaupt seine Anlagen eher zu einem Jungen zu passen schienen. Wenn es mit seinem gleichaltrigen Bäschen in der Sommerlaube Haushalt spielte, mußte dieses immer die Rolle der Frau übernehmen. Und was die Bäume betraf, so hatte die Mutter ihre liebe Not, ihrem vierten Töchterchen beizubringen, daß der liebe Gott bei ihrer Erschaffung insonderheit an die Buben und ihre Kletterkünste gedacht habe. Worauf sie oft genug zu hören bekam: »Ich wäre auch lieber ein Junge geworden.« In ihrem Blick war stets etwas Forschendes und eine siegessichere Ironie, als wenn sie sagen wollte: »Ich werde euch schon hinter die Schliche kommen!« Und mancher Mensch ist, meine ich, unter dem unbestechlichen Kinderblick heimlich rot geworden.

Es war aber eine ganze Welt, die ergründet werden wollte. Da war der seidige Glanz der Wellen über dem braunen und grünen Bachgrund, bei dessen Anblick einen immer das süßeste Grauen überkam; da war das Spiel der tanzenden Flocken, die so grau aus dem verhängten Himmel herabfielen und auf dem Ärmel als blendend weiße Sternchen lagen; da war nach dem innigen Prangen der Wiese und der stäubenden Fichten die unverhoffte Herrlichkeit der Ginsterblüte, die alles Gold der Sonne in die kargen Berghänge verwob – ach, es war eine Welt der unerschöpflichen Wunder. Und manches seltsame Wort aus dem Munde des Mädchens verriet, daß in ihm all das eine Gestalt annahm, eine handgreifliche Gestalt sozusagen, die dem stumpfen Auge der anderen entging. Ein Wunder deuchte es auch die eigene Hand zu sein, deren Finger in der Sonne so glühdurchleuchtet wurden und die man zu tausendfältigen Gestalten biegen und verflechten konnte. Ahnte es, welche geheimen Kräfte der Gestaltung in ihnen schlummerten?

Das Mädchen war noch lange nicht der Schule entwachsen, da begann es sich zu regen: Das Kartoffelmesser in seiner Hand mußte sich einer fremdartigen Bestimmung unterziehen. Nicht so sehr, daß ihre Tochter zu schnitzen anfing, erregte die Verwunderung der Mutter – es hatte schon eines ihrer Kinder den Vater darin nachzuahmen versucht –, aber was sie schnitzte, das war ungewöhnlich. Wenn sie schon schnippeln wollte, dann sollte es etwas

Praktisches sein: Spielzeug für die kleinen Geschwister, aber nicht ewig und immer wieder Hände, die für nichts und wieder nichts nütze waren. Wohl gehorchte sie der Mutter und schnitzte auch Schäfchen und Puppen, aber das liebste Modell blieb doch die eigene Hand. Bis dann die Krippe entstand, die das Staunen der Umgebung erregte.

Das Mädchen mochte damals sechzehn Jahre alt sein, und es hatte schon, weil der Vater viele hungrige Schnäbel zu stillen hatte und auch, damit es etwas lernen sollte, bei einem Bauern im Dienst gestanden. Dabei hatte ihm das Heimweh einen argen Streich gespielt: Barfüßig, die Schuhe in der Hand, damit es nur schnell gehen sollte, war es schon am dritten Tag den stundenlangen Weg nach Hause gelaufen und dort mit blutenden Füßen angekommen. Danach aber hatte es sich gefügt und tapfer seine Zeit ausgehalten, so schwer es ihm wurde. Es liebte sein verträumtes Tal und das Vaterhaus über alles in der Welt, und niemand hätte damals gedacht, es werde jemals aus freien Stücken die Heimat verlassen.

Aber es lebte da etwas in ihm, das noch stärker war. Wenn ihm einmal ein Buch zu Gesicht kam, worin die Bildwerke alter Meister abgebildet waren, dann trat ein Brennen in seine Augen, und eine Unrast befiel seine Hände. Und eines Tages erklärte es dem Vater, es könne nun und nimmer im Herzen Ruhe finden, wenn es nicht Bildhauerin werden dürfe.

Der Vater hatte sich in allen Stößen, die ihm das harte Leben versetzt, eine träumerische Kühnheit des Herzens bewahrt, und dem Wunsche seiner Tochter kamen eigene unausgesprochene Hoffnungen entgegen. So bemühte er sich, da an ein akademisches Studium vorerst nicht zu denken war, um eine Lehrstelle bei einem Meister in der Stadt, weit drunten am Strom. Wenn etwas in ihr stecke, werde es ihr da schon in die Hände wachsen.

Er sollte sich nicht getäuscht haben. Die Reihe des Staunens kam nun an den Meister, der zwar keine Berühmtheit war, aber doch über ein beachtliches Maß von Können verfügte. Die steifen Gipsmodelle seiner Werkstatt verwandelten sich unter den Händen seiner jüngsten Schülerin in lebendige Wesen: Das Akanthusblatt begann schwellend zu wachsen, und der Löwe reckte sich in unheimlicher Kraft. Ihre Zeichnungen waren bestimmt und umrissen in wenigen männlich festen Strichen den Gegenstand – man meinte, aus ihnen schon zu sehen, wie sie zu sicherem Schlag den Meißel ansetzte. Der Meister sah bereits nach wenigen Monaten die Stunde nicht mehr fern, da er der Schülerin nichts mehr zu sagen haben würde, es handle sich denn um rein technische Dinge. Sie arbeitete mit einem geradezu besessenen Fleiß, und es ist gewiß, daß sich darin nicht nur ein naturhaftes Drängen offenbarte, sondern auch eine hohe Vorstellung von der Aufgabe, die ihr Gott mit der Gabe in die Hände gelegt und die sie keinen Augenblick vergaß. Wohl hatte das Rasseln und Schnauben des Ungeheuers Stadt sie in den ersten Tagen etwas verwirrt, aber da sie ganz ihrer Berufung lebte, bemerkte sie seine verführerischen Reize nicht einmal. So war nach menschlichem Ermessen Großes von ihrer Entwicklung zu erwarten.

Aber nun setzte Gott das Schnitzmesser an.

Das Mädchen verspürte öfter eine große Müdigkeit. Es dachte sich zunächst nichts Schlimmes dabei, sondern führte die Erschlaffungszustände auf das feuchtwarme Klima der tiefgelegenen Stadt und die ungewohnte Innenarbeit im Atelier zurück. Als aber nach einigen Monaten Appetitlosigkeit und Blutspucken auftraten, stellte es sich zur

Untersuchung in der Universitätsklinik. Das Ergebnis war derart, daß die Ärzte die Bestürzte nicht mehr in ihr Heim zurückließen: Es handelte sich um eine weit fortgeschrittene Lungentuberkulose. Ein Blutsturz nach wenigen Tagen bestätigte die Diagnose in alarmierender Weise.

Und nun beginnt ein bitteres Wandern zwischen Heilstätten und Heimat hin und her, ein Hinundherstürzen zwischen Hoffnung und Enttäuschung, zwischen dem Aufbegehren aller Lebenskräfte und flügelloser Mattigkeit, zwischen ertrotztem Neubeginn und erzwungenem Warten. Kleine Kunstwerke entstanden noch in den Atempausen, welche die Heilbehandlung der Kranken ließ: gemalte Aufmerksamkeiten für Leidensgenossen, eine Porträtbüste des jüngsten Bruders, ein Kreuz, das jemand bestellt hatte, ein Hirte zur Ergänzung für die Krippe. Aber wie geringe Befreiung brachten solche kleinen Arbeiten, gemessen an der Fülle der Bilder, welche die Phantasie der Kranken bedrängten und nach Gestaltung riefen.

Welche Qual in den schleichenden Stunden des Tages, unter den hockenden Schatten der Nacht, die eines nach dem andern die ungeborenen Kinder ihrer Gestaltungskraft abwürgten – nur ein Mensch, der selber schöpferisch veranlagt ist, wird nachempfinden können, was die Gefesselte litt. Und wie lang und bitter ist der Weg, bis ein Mensch den Anruf Gottes zum Ganzopfer versteht und noch seine Liebe darin erkennt.

Die Kranke saß eines Tages, wie sie es gerne tat, in der Laube am Rande des Waldes gegenüber dem Elternhaus. Sie saß im Schatten und sah hinaus in die Welt voll Sonne. Sie sah die blühenden Bäume im Dorf und dachte daran, wie sie alle Frucht tragen und rot und gelb würden vor Freude darüber, ehe die Blätter fielen. Sie sah einen Jungen das Vieh hinaustreiben, der ein Liedchen pfiff und achtlos mit seinem Haselstecken den Blumen am Wege die Köpfe abschlug. Sie sah das und dachte, daß Gott mit ihr genauso verfahre. Sie sah die Blitze der Schwalben im blauen Himmel und dachte: Ich bin weniger wert als diese Lieblinge Gottes, die kommen jedes Jahr zwitschernd geflogen und nisten unterm Kirchendach und ziehen ihre Schwälbchen auf und fliegen wieder zurück in ihre andere Heimat. Sie sah die krüppelige Buche am Hof, die ihren Schatten immer in die Stube warf, und doch ließ der Vater sie nicht umhauen, und die Kinder schaukelten vergnügt auf ihren geduldigen Ästen. Und den Birnbaum am Giebel sah sie, der blühte jeden Mai wie jetzt, und an Weihnachten blühte er nochmals unterm Schnee und schaute in die Stube und sah seine rotgelben Früchte auf dem Tisch. Und die Kranke fühlte: Mit mir ist es anders: Blühen durfte ich, aber reifen darf ich nicht. Und sie dachte, wie Gott ihr etwas geschenkt, das ihr lieb war wie einer andern ihr einziges Kind, und nun, wo das erste Lächeln ihr entgegengeblüht war, riß man es ihr vom Leben. Und eine Frage stieg in ihr auf – ach wie oft schon: Warum das, o Gott? War es nicht Deine Stimme, die mich hinaustrieb aus der Heimat? Ich habe alles gelassen, weil Du mich riefst, habe Vater verlassen, Mutter verlassen, Brüder und Schwestern, unsere Wälder, unsere Berge, war fremd unter Fremden, ich einfältiges Kind in der hoffärtigen Stadt, um Deine Zeichen zu schnitzen in alles. Nun nimmst Du mir das Schnitzeisen aus der Hand, und Dein Bild zerbricht mir vor den Augen.

So dachte das Mädchen und saß da, und seine Augen füllten sich mit Tränen, und die ganze Welt verschwamm in diesen Tränen.

Aber das war nur ein Tag von vielen hundert Tagen, und an jedem fühlte es einen Span sich lösen, den ein unsichtbares, unerbittliches Messer ihm vom Leben schnitt. Noch wehrte sich jede Faser. Und doch wußte um die innerste Not nur die Mutter; alle andern konnten sie höchstens ahnen, denn die Kranke zeigte ihnen ein fröhliches Gesicht und war ihnen Trösterin in ihren kleinen Leiden.

Aber nun fiel das große Leid über die Menschen. Das Tier war endlich aus den Wäldern gekommen, nach dem man so lange gerufen, und raste in menschlicher Gestalt über die Erde. Das Entsetzliche war, daß niemand genau wußte, in wem sich die Bestie verbarg und ob sie nicht von ihm selber oder doch von seiner Hand Besitz ergriffen hatte, um ihr Werk der Vernichtung zu vollführen. Unersättlich in ihrer Gier, verschlang sie alles, was den Menschen heilig und teuer war: Blühende Fluren und ehrwürdige Städte; junges Leben und alte Weisheit; Sitte, Treue und Glauben.

Die Kranke aber dachte über all dies nach in ihren einsamen Stunden, und immer mehr kam ihr die Erkenntnis, daß man das Tier nicht töten könne mit äußeren Waffen, sondern nur aus der Kraft des Herzens, indem man sich ablösen lasse von aller Gier des Habenwollens, und daß dieses im Plane Gottes gelegen, als er sie ins Leben rief: daß sie es mitvollziehen sollte für viele andere, daß sie Opfer werden sollte für sie. Und nun wehrte sie sich nicht mehr in ihrem Willen dagegen, daß Gott Span um Span von ihr losschälte, mochte es der armen Natur auch noch so wehe tun. Einmal hatte sie einen Traum, darin sah sie ein Buch, mit dem sie sich seltsam eins fühlte. Eine leuchtende Hand wandte es um, Blatt für Blatt, und auf der Umseite strahlten die vorher dunklen und blutigen Buchstaben in goldener Klarheit, und die Schrift ergab einen wundersam tiefen Sinn. Den hatte sie wieder vergessen, als sie erwachte, aber sie wußte von da an, daß kein Span verloren war, den Gott von seinem Kunstwerk löste, daß nur die irdische Seite seines Wesens gewandelt wurde in die himmlische, und sie gab sich ganz in seine Hand. Willig bot sie sich den Messern der Ärzte dar, als trotz aller Kuren mehrere Operationen notwendig wurden, die sehr schmerzhaft waren und ihr die Aussicht nahmen, jemals wieder ein arbeitsfähiger Mensch zu werden.

Das geschah in der Schweiz, wo man ihr aus öffentlichen Mitteln einen Heilaufenthalt ermöglicht hatte. Der Anblick der schweigenden Bergriesen trug vieles zu ihrer inneren Gelassenheit bei, aber sie weinte dann doch – zusammen mit ihrer Schwester, als diese sie nach zwei Jahren am Grenzbahnhof abholte und die völlig Abgemagerte fast nicht mehr erkannt hätte.

Es war ein denkbar ungünstiger Augenblick für die Rückkehr in die Heimat, wie sich bald zeigen sollte. Der Krieg rückte plötzlich mit einem großen Sprung in jene Gegend vor und blieb hartnäckig mehrere Monate hindurch dort stehen, so daß die Einwohner ihm Platz machen mußten und von ihren Habseligkeiten kaum etwas retten konnten. Die Kranke fand mit Mutter und Schwester Unterkommen bei einem Onkel, der eine Menge Flüchtlinge beherbergte und beköstigte von dem, was ihm der Herrgott geliehen habe, so drückte er sich aus.

Der Sturm raste weiter, und die Menschen kehrten zurück in die zerstörte Heimat. Mit einer unglaublichen Zähigkeit machten sie sich an den Wiederaufbau. Die Kranke, die schmerzlich ihre Unfähigkeit zu helfen empfand, sah das mit Bewunderung. Doch sah sie auch, und es erfüllte sie mit Sorge, wie die anfängliche, in der Not gewachsene Gemeinschaft des Helfens mehr und mehr zersplitß an der sich wieder härtenden Selbstsucht der Menschen.

Für sich selber wollte sie nichts mehr als den Willen Gottes. Als ein Nachbarmädchen die erste Gelegenheit nach dem Kriege wahrnahm, das Gelöbnis einer Wallfahrt nach Lourdes zu erfüllen, und vor der Abreise an ihr Bett trat, ob es der Gottesmutter einen besonderen Wunsch von ihr bestellen sollte, da antwortete sie nach einigen ruhigen Atemzügen: »Für mich selber habe ich keinen Wunsch; aber daß meine Brüder aus der Gefangenschaft heimkehren, das sollst du der Muttergottes in Lourdes vortragen.« Ihr Wunsch sollte in Erfüllung gehen: Als sie starb – es war am Feste der Erscheinung der Unbefleckten in Lourdes – waren zwei Brüder schon zu Hause, und der letzte kam am Feste der Unbefleckten Empfängnis desselben Jahres.

Je weniger sie für sich begehrte, desto mehr bedeutete sie ihren Angehörigen und Nachbarn. Peinlich vermied sie alles, was eine Gefährdung der andern gebracht hätte. Sie versagte es sich gänzlich, die Kinder ihrer Geschwister anzurühren, auch wenn diese, von ihrem immer freundlichen Wesen angezogen, die Ärmchen nach ihr ausstreckten. Die fortschreitende innere Auflösung verleitete sie keinen Augenblick dazu, ihr Äußeres, das Gefäß ihrer jungfräulichen Hingabe, in irgendeinem Punkte zu vernachlässigen. Die Sorge, die sie um alle und alles trug, ließ sie mehr und mehr zum Herzen des Hauses werden und zum Trost für viele; immer mehr Menschen kamen zu ihr, um sich Rat und aus ihrem immerfrohen Herzen Aufmunterung für den harten Alltag zu holen. Und sie nahmen es gerne an, wenn sie, ihre kleinen und kleinsten Sorgen mittragend, sie darüber hinaus verwies auf das eine Notwendige. Sie sahen über ihrem Bett einen schön geschriebenen Spruch hängen, dabei zwei überzarte Hände, die eine Schale emporhielten, und der Spruch lautete: »HERR, hier sind meine Hände! Lege darauf, was Du willst, nimm hinweg, was Du willst, führe mich, wohin Du willst – in allem geschehe DEIN WILLE!« Überzart waren ihre Hände geworden und schwach, die einst eine Welt hatten formen wollen, aber sie trugen die Last Gottes und verschenkten in Fröhlichkeit seine Freude. Und die Krippe, die sie einst geschnitzt, stand nun in der Notkirche und tröstete die ganze Gemeinde.

Eine Sehnsucht aber hatte die Todgezeichnete doch noch, ein Verlangen, in dem irdisches und himmlisches Drängen miteinander verschmolz: obschon es ihre Kräfte kaum erlaubten, stieg sie einigemale ganz langsam die vielen Schritte den Waldberg hinan, der unter ihrem Elternhaus aufwächst. Wenn die Mutter ihr darauf einen sanften Vorwurf machte, weil doch ihre Gesundheit leide, dann sagte sie: »Ich weiß es, aber ich muß hinauf.« Dort oben sah sie weit hinaus in das Land ihrer Liebe. Sie schaute hinab in die Täler nach Westen, Süd und Ost, sie sah die stolzen Stoßvögel kreisen in der unendlichen Bläue, sie hörte ihren Schrei und die Rufe der Hütekinder und sog den starken Duft der Heidekräuter ein; sie saß lange da oben und schaute und schaute.

Was sie dabei gedacht hat? Ich weiß es nicht, aber immer, wenn ich in jenem Gebirge weile, meine ich zu fühlen, wie es gesegnet worden ist im Blicke dieser großen Liebe.

Und wenn ich an ihrem Grab stehe, dann spüre ich einen Duft ihm entsteigen wie von einer verborgenen Blume, der unwiderstehlich anzieht und lockt.

Diese Geschichte hat sich ereignet, wie sie hier dargestellt ist. Wie das Mädchen hieß, wollt ihr wissen? Lucia hieß es, das ist zu deutsch: die Leuchtende.

Die Insel der Seligen

Es gibt sie nicht in irdischen Gewässern, aber man kann ja einmal von ihr träumen!

Vielleicht sind solche Träume von Licht, Schönheit, Frieden, solche Ahnungen göttlicher Harmonie doch nicht nur Gespinste aus Schaum, mit denen das listige Herz, wie ja etliche meinen, den Abgrund ewig unerfüllter Sehnsucht verhängt. Unsere großen Maler und Dichter haben das Geheimnis der Landschaft als mehr erkannt: als Ahnung und Verheißung des Kommenden. So sieht Hölderlin in seiner Hymne »Germanien« »Tal und Ströme weit offen um prophetische Berge«, und einen Himmel, »uns ahnungsvoll herabgesenkt«, der »voll ist von Verheißungen«.

Diese Verheißungen der Ströme und Gebirge, der Wellen und Wolken sind es, die den Menschen zum Wanderer, zum Reisenden werden lassen. Nur wenige freilich sind sich bewußt, daß ihre Lockung in die Zukunft, ins Ewige ruft, und so kehrt die Menge enttäuscht zurück in den Alltag: wie ungebärdige Kinder wollen sie die Frucht, die im Unendlichen reift, bereits in der Endlichkeit pflücken. Es findet aber das glückselige Erschauern, das uns beim Anblick einer vollkommenen Landschaft durchbebt, seine Erklärung und Erfüllung nur in dem »Neuen Himmel und der Neuen Erde«, deren Herrlichkeit einst die Felsengrotte des Sehers von Patmos[18)] erfüllte.

Wer dies begreift, der kann, bei aller Armseligkeit, glücklich träumen von seiner »Insel der Seligen« – für mich ist es Rhodos, die »Insel der Rosen«.

An Patmos hatte uns die »Achilleus« in so früher Stunde vorbeigetragen, daß das Felseneiland nur als zartester Schattenriß unter verglühenden Sternen zu ahnen war. Leros aber wandelte, eine letzte Kulisse vor dem triumphierenden Licht, die graue Atlasfarbe bereits zu samtenem Purpur. Und dann, über der großen Bucht von Kalymnos, wie mit dröhnendem Schlag, trat hinter silberumrandetem Riff der gleißende Sonnenschild hervor, die unendliche Stille mit ungeheurem Klang erfüllend.

Ein solches Lichtwunder über dem morgendlichen Meer muß den Dichter Reinhard Johannes Sorge inspiriert haben, wenn er die Jungfrau der Verkündigung von dem neu aufgehenden Licht so singen läßt:

»Ich sehe eine goldne Welle heilig
beschäumen dort den Rand des Düsteren.
Ich sehe nichts Düsteres mehr, ich seh nicht Nacht;
denn jene Welle ist zum Meer erweitert.
Oh, wie das Goldene ebbt und glänzt und Streifen
wirft selig spielend! – O, wie sehr ist dieses schön!
Doch schöner ist darüber der weiße Kern von Licht, der,
länglich, heftig das Silberne auswirft, das dann stets
zurückwallt ins Silberne und immer wallend bleibt!«

Vor einem solchen Schauspiel erhabenster Art versteht man, warum die Alten die Göttin der Schönheit und der Liebe, Aphrodite, aus den Wellen des Meeres aufsteigen ließen. Nur das Vollkommene ist schön, und nichts Schöneres gibt es als das unermüdlich selige Spiel des flüssigen Goldes her und zurück unter dem »weißen Kern von Licht«, eingefaßt in den zaubergewaltigen Rahmen der

Berge, die von innen zu leuchten scheinen. Und zu diesem Fest der Augen kam ein anderes: die leichte Morgenbrise wehte mit einem Mal einen Schwall von Duft herüber, Thymian und Salbei, der den ganzen Körper einhüllte und alle Poren der Haut öffnete wie unter der zärtlichsten Berührung.

So war ich denn vorbereitet, jene Insel zu betreten, die mir noch heute als eine Insel der Seligen und des Friedens erscheint. Und vielleicht war es gut, daß mein Aufenthalt nur kurz währte, zweimal einen halben Tag, zu kurz, um aus der Verzauberung in die Nüchternheit der Alltäglichkeit gerissen zu werden. Vielleicht auch weigert sich meine Phantasie einfach, die irdisch-grauen Töne in das Bild des Vollkommenen zu mischen, das sie dort empfangen durfte. Hat sie damit nicht wenigstens ebenso recht wie meine Tischgenossen von der »Achilleus«, Herrschaften aus der Schweiz, die nach einer Woche Aufenthalt auf Rhodos nur von dem ausgezeichneten Essen im »Hôtel des Roses« zu erzählen wußten, und von nichts anderem? Die Insel ist gastlich für jeden, aber jedem auf seine Weise.

Gleichwohl, der erste Eindruck, den der Reisende von der Stadt Rhodos an der Nordspitze der Insel empfängt, ist eher abweisend. Je näher er dem »Mandraki-Hafen« im Fährboot kommt, desto unnahbarer wachsen die Ringmauern der ehemaligen Ritterfestung empor, die, als äußerste Bastei des Abendlandes, dem Ansturm der Türken über 200 Jahre Widerstand geleistet hat, 70 Jahre noch über den Fall Konstantinopels hinaus.

Dieser erste Eindruck aber wandelt sich im Nu, sowie ich das Kaigelände vor der Mauer betrete: nichts von der fieberhaften Geschäftigkeit und dem neuzeitlichen Lärm, die sich in allen größeren Hafenstädten der Welt aufdrängen – es begrüßt mich die stille Freundlichkeit gepflegter

Anlagen, deren bunte Pracht überzuquellen scheint, wo immer man ihr eine Erdkrume zwischen dem Steinpflaster gewährt; wie verwunschene friedliche Recken aus ferner Vergangenheit stehen mit nackten Flügelarmen die drei Windmühlen auf der langen Mole zwischen Mandraki- und Handelshafen; ein einsamer Straßenarbeiter ebnet mit ruhigen Bewegungen den Kiesgrund des Dammes, und ebenso gelassen geben sich drei braungebrannte Burschen beim Verladen feurig roter Paprika auf einen Kutter. Schon gar umfängt mich versponnene Stille, während ich über schmale Stufen und gewölbte Laufgänge im Fort Sant Elmo zur Rundkirche des Hl. Nikolaus emporsteige; vor der Ikone des Heiligen brennen die sanften Öllampen, in den Mauern und Teppichen hängt ein Duft von Wachs und Weihrauch und Alter, und über allem die summende Stille der Ewigkeit.

Und davon bleibt ein sanfter Flügelschlag ständig über mir, während ich durch eines der alten, festgefügten Tore in die Stadt der Ritter eintrete; bleibt über mir auf ihren Straßen und Plätzen, um die sich die ehrwürdigen Ordensherbergen und die niederen, weiß und blau getünchten jüngeren Wohnhäuser zusammenschließen. Kletterrosen und ganze Kaskaden der dunkelglühenden Bougainvillea brennen über dem ockerfarbenen Gestein, Palmenfächer werfen das Filigran ihrer Schatten an die Hauswände, Eibisch und Oleander drängen sich an unwahrscheinlichen Stellen ins blendende Licht. Stille, verträumte Höfe mit zierlichem Kieselpflaster laden dich ein unter das goldglühende Grün uralter Weinstöcke. In der Bazarstraße öffnen sich die Läden in ihrer ganzen Breite, aus kunstlosen Waren oftmals ein kunstvolles Mosaik aufbauend, aus bunten Schuhen, Hausrat, kupferglänzendem Geschirr; aber kein lauter Ruf, kein aufdringliches Werben springt dich an. Selbst der Eisverkäufer scheint in den Tag zu träumen, bis du seine Dienste in Anspruch nimmst.

Du trittst unter einen schattigen Bogen und noch einen – und findest dich unversehens im Tagesraum einer Familie; auf deine bestürzte Entschuldigung antwortet dir freundliches Lächeln. Du schaust neugierig durch das geöffnete Tor einer Gartenmauer, und siehe, die zwei Männer, die einen Karren mit Abfall beladen, schieben ihn beiseite, um dich einzulassen: schau dich um, soviel und solange du magst! Setze dich auf das kühle Gemäuer im Schatten der Dattelpalmen, tauche deine Hand in das grünmoosige Wasser des riesigen Steinbottichs, ergötze dich an dem Sonnentanz der blauen Falter über gelben Melonenblüten; oder denn träume in das flirrende Licht, das Veranda und Treppe des Hinterhauses unter Oleander und Weingerank spritzend überschäumt.

Und da – du hast wahrhaftig Glück: als käme es aus deinen innersten Träumen, tritt ein Mädchen aus der Tür, um den Tisch auf dem Söller zu decken; ein Lächeln hat es für den benommen dastehenden Fremdling und einen silbertönenden Gruß: »Chairete!« – Du hast dich nicht verhört, »Chairete« hat es gesagt. Es ist der Gruß, mit dem der Engel die Jungfrau in Nazareth grüßte, und wie ihn Lukas, der Grieche, niederschrieb in der Sprache dieses Mädchens: chaire, freue dich!

Und wieder spürst du den sanften Flügelschlag, herüberschwingend durch die Jahrtausende; wahrhaftig, hier hätte es sich ereignen können, das Unsagbare, und dieses Mädchen könnte die Jungfrau sein, über der eines Tages der »weiße Kern aus Licht«, der nie mehr untergehende, stand.

Was hat diese Menschen so sanft gemacht, so von Stille leuchtend, diese Menschen eines uralten Volkes, das vor nahezu 3000 Jahren, wahrhaftig ein kämpferisches Geschlecht, von der »rossenährenden Argolis« absegelte und hier Anker warf? Die sich vor den Mauern Trojas schlugen und den Phoeniziern die Seeherrschaft entrissen. Was hat sie so beständig gemacht, daß sie nach unwahrscheinlichen politischen und kulturellen Leistungen das vielmals wechselnde Joch der Fremdherrschaft ertragen konnten, ohne doch ihre Seele zu verlieren, bis sie endlich, 1947, wieder mit dem griechischen Mutterland vereint wurden? Ist es die Weisheit des Alters, die Erfahrung einer dreitausendjährigen Geschichte mit soviel leuchtenden und soviel schwarzen Tagen, die diesem Volk, trotz aller Überwanderungen im Kern unverändert, eine so demütige Reife, eine so freudige Gelassenheit geschenkt haben?

Während ich solchen Gedanken nachhänge, stehe ich schon wieder an der Reling der Anker lichtenden »Achilleus«. Weiß leuchten drüben die Minarette aus der Türkenzeit über Kuppeln und Häusergewirr, dunkel ragen die Zypressen; gewaltig lagert der Ordensmeisterpalast über der Stadt, höher und höher hebt sich dahinter der Tafelberg St. Stephanos empor. Was muß das für ein Anblick gewesen sein, als sich noch die antike Stadt mit Tempeln und Hallen aus leuchtendem Marmor Stufe um Stufe aufbaute bis zur Akropolis hinauf! Für hunderttausend Bewohner hatte sie Hippodamos von Milet, der berühmte Städtebauer, am Ende des 5. Jahrhunderts v. Chr. angelegt; heute zählt sie nur ein Viertel dieser Zahl und die ganze Insel 70 000 Einwohner. Strabo, der weitgereiste griechische Geograph und Historiker, ein Zeitgenosse Christi, berichtet uns, daß die Stadt von unvergleichlicher Schönheit war, herrlicher als alle Städte der Welt, sogar als Rom, Athen, Alexandrien.

Aber auch er hat den berühmten Koloß von Rhodos, eines der »sieben Weltwunder«, nicht mehr gesehen, oder nur seine Trümmer. Noch kann das Auge den Punkt unterscheiden, wo diese fackeltragende Riesenstatue des Sonnengottes Helios vermutlich stand: an der Spitze des Mühlendammes, wo sich jetzt der St. Elmo-Leuchtturm erhebt.

Im Schicksal dieser gewaltigen Bronzestatue spiegelt sich gleichermaßen Stolz und Demut der antiken Stadt. Sie war ein Tribut der Rhodiser an ihren Schutzgott, der, wie sie glaubten, die Stadt vor der Eroberung durch einen makedonischen Prinzen, den »Städtezermalmer« Demetrios Polyorketes, bewahrt hatte. Und ein Denkmal der Ritterlichkeit dieses Heerführers: für den Guß der 34 m hohen Figur wurden Erzteile der Belagerungsmaschinen verwendet, die Demetrios der Stadt aus Bewunderung für die Tapferkeit ihrer Verteidiger geschenkt hatte. Chares aus Lindos goß die Statue, die schon rein technisch eine ungeheure Leistung war, im Jahre 305 vor Christus. Aber kaum 80 Jahre leuchtete ihre Riesenfackel den bei Nacht in den Hafen einlaufenden Schiffen: das Erdbeben, das im Jahre 227 die Stadt verheerte, stürzte die Statue ihres Gottes ins Meer. Und obwohl Rhodos dank der Spenden aus ganz Griechenland bald wieder im alten Glanz erstand, verzichteten die Rhodiser auf die Wiedererrichtung des Standbildes: sie nahmen das Unglück demütig auf als Mahnung der Götter, nie mehr so vermessen zu sein und Gebilde von so übermenschlichen Maßen zu errichten. Sie scheuten andererseits davor zurück, die Trümmer einzuschmelzen, und also blieben sie liegen, bis im Jahre 656 ein arabischer Händler sich für sie interessierte und sie als Altmetall verkaufte – 900 Kamellasten sind es, nach arabischen Chroniken, gewesen.

Vielleicht hat in den Tagen nach jener Katastrophe ein Rhetor oder ein Philosoph der Schola von Rhodos seinen

Hörern die Worte ins Gedächtnis gerufen, die Sophokles in seiner Ajax-Tragödie der Athene in den Mund legt:

»*So merk's und hüte dich, daß deinem Munde*
kein vor den Göttern leeres Wort entfährt.
Blas dich nicht auf, mag deines Reichtums Glanz,
mag deiner Hände Kraft vor andern gelten.
Ein Tag erbaut, ein Tag reißt in den Abgrund
all menschlich Werk. Doch gottbehütet bleiben,
die sich besinnen, gottverhaßt, wer trotzt.«

Athene, die jungfräuliche, dem Haupt des Göttervaters entsprungene Göttin hoher Weisheit und menschenfreundlicher Klugheit, wurde auch auf Rhodos hochverehrt: als Athena Lindia. Lindos war ihr geweiht.

Wir wissen, in welchem Ausmaß Aphrodite und Dionysos, verbündet mit den dunklen Mächten des Menschenherzens, der lichten Göttin die Herrschaft streitig machten, zumal in den Jahrhunderten, die dem Erscheinen der Jungfrau-Mutter und ihres göttlichen Sohnes unmittelbar vorausgingen. Erst in seiner Gnade und unter ihrem milden Szepter gelang es diesem hochbegabten Volk, auch im Leben mehr und mehr zu verkörpern, was seine besten Künstler und tiefsten Geister als Inbegriff und Krönung hohen Menschentums gepriesen hatten: die fromme Scheu vor allem Göttlichen, und in allem' Menschlichen das rechte Maß.

Unser Schiff hält Kurs nach Süden, entlang der Ostküste der Insel. Schon sieht man über Kalithea die Ausläufer des Philarinos, auf dessen Gipfel einst ein Tempel der Athena stand, ähnlich dem von Lindos; aber wie der Sonnengott Helios der neuen »Sonne der Gerechtigkeit« weichen mußte, so verblich auch ihr Glanz vor der »Mutter des neuen Lichtes«. Die Inselgriechen bauten ihren Tempel um zu einem Marienheiligtum, dessen uraltes Bild »Maria aller Gnaden«, 1523 von den Johannitern bei ihrem Abzug von der Insel mitgeführt, nach abenteuerlichen Fahrten 1920 aus Rußland wieder heimkehrte an seinen Ort.

Im flimmernden Glast des Mittags erhebt sich der Eliasberg, und noch weiter südlich, schon verschwebend und dennoch klar umrissen, das Trapez des Metabyrion, der höchsten Erhebung der Inseln. Und dann, nach einer Stunde Fahrt etwa, heftet sich das trunkene Auge an den Akropolis-Felsen von Lindos, der aus dem weiten Rund einer Bucht wie der Kiel eines gewaltigen Schiffes vorstößt ins unendliche Blau.

Lindos, ich grüße dich! Und möge deine Göttin, Athena Lindia, mir linde sein und meinen Fuß an deinen Strand führen, heute in sieben Tagen, wenn die »Achilleus« nach ihrer Rundfahrt über Alexandrien und Beirut wieder vor Anker geht an den lichten Gestaden der Roseninsel. Bis dahin und fernerhin wird mir dein Gestade vor der Seele stehen als eine »Insel der Seligen«, als mein Traumland Orplid, wie es Mörike besingt:

»Du bist Orplid, mein Land, das ferne leuchtet;
vom Meere dampfet dein besonnter Strand
den Nebel, so der Götter Wange feuchtet.
Uralte Wasser steigen verjüngt um deine Hüften, Kind!
Vor deiner Gottheit beugen
sich Könige, die deine Wärter sind.«

Nach Ablauf von sieben Tagen befand ich mich wieder auf der Fahrt nach Lindos.

Wenn mir dieser Nachmittag auf der »Insel der Seligen« in seligster Erinnerung steht, so spricht das für die urtümliche Bannkraft dieser Landschaft, die sich zwischen Berg und Meer mit einer teils vertrauten, teils fremdartigen Pflanzen- und Tierwelt heiter und strahlend breitet. Das einzige Unschöne darin ist das schwarze Band der modernen Straße, die sich fremd zwischen rotfarbigem Karst und seidengrünen Aleppokiefern dahinwindet – aber wer möchte auf sie verzichten! In gemächlicher Fahrt verlassen wir das südliche Weichbild der Stadt. Rechts grüßen wir nochmals den Stephanosberg, in dessen wilder, westseits gelegener Schlucht Malpasso vermutlich der »Kampf mit dem Drachen« stattfand – eine geschichtliche Begebenheit, nicht eine Erfindung Schillers! Links am Meer ahnen wir die »Thermen von Kalithea«, einen schon im Altertum weitbekannten Badeort, den Hippokrates, der Arzt von Kos, rühmend erwähnt; in dieser Bucht landeten im Jahr 1912 die Italiener, um die im Mittelalter zu Venedig gehörende Insel mit dem ganzen Dodekanes den Türken abzunehmen. In den dreißig Jahren ihrer Herrschaft bauten sie Kalithea aus zu einem Traumparadies im Stil moderner Filmromantik – man verzeiht es ihnen, wenn man ihre Verdienste um die Erhaltung und den teilweisen Wiederaufbau der Ritterstadt von Rhodos kennt.

Aber lassen wir die historischen Erinnerungen und geben wir uns ganz dem Zauber der Landschaft hin, die an den Hängen zwar zum Teil verkarstet ist, die aber in den Senken und Tälern alle Reize üppigster Fruchtbarkeit spielen läßt. Da leuchten aus tiefem Grün Orangen und Granatäpfel und schwingen sich die Weinranken von Stütze zu Stütze, da vollführen unter silbrigem Laubschleier die bizarren Gestalten uralter Ölbäume einen grotesken Reigen, da wird das breite Geröllbett eines ausgetrockneten Flusses von Oleander überbrandet, kilometerweit, in farbigen Wellen vom bleichen Rosa bis zum brennenden Rot. Zwischen dunklen Zypressen und Pinien hervor blenden unmäßig weiße Hauswände und Kuppelkirchen das Auge: schwarzweiße Holzschnitte inmitten einer impressionistisch hingetupften, im Lichte flirrenden Landschaft.

In eleganten Windungen schwingt sich das Asphaltband zu steiler Höhe hinauf; hier, etliche hundert Meter über dem Meer, halten wir an, um ein paar Schritte zu tun zwischen Latschen und Ginster, über buntes Geröll und harte, herbduftende Kräuter. Mit metallischem Klingen schwirren große Heuschrecken auf, zu unerforschlichen Zielen tummeln sich grüngoldene Käfer, die blaugesprenkelte Eidechse zuckt hinweg über rötlichen Fels. In quirlendem Liebestanz schraubt sich ein Schmetterlingspaar immer höher hinauf in den Azur, und wie sein sanftes Spiegelbild schwingen drunten über der schwarzblauen Tiefe zwei blendendweiße Segel. Darüber auf steiler Höhe eine Einsiedelei, ein kleines Mönchskloster, dem Himmel sich anvertrauend über grausigem Absturz. Unter uns zieht eine Ziegenherde vorbei, schwarz und rotbraun, vom Hirten gelockt mit dunklen Flötenrufen – ob es noch die alte Syrinx ist, die Flöte des Pan? Nun bricht ein Bock aus dem Latschengebüsch, ein wahres Faunsgesicht über spitzem Bart; er mustert mich aus gelbgrünen Augen, schnuppert, wippt zweimal mit dem Sterz und wirft, ehe er auf ein Felsriff hinaufstolziert, verächtlich den Kopf zur Seite. Und da steht er nun, aufgereckt, ein bronzenes Standbild gegen Himmel und Meer.

Reißt euch los, ihr glücklichen Augen, ein noch größeres, prunkenderes Fest soll euch ja beschieden sein. Mit Bedacht, so scheint es, hat vor Lindos, dieser einzigartigen Offenbarung der Schönheit, ein gigantischer Gartenarchitekt eine Wüstenei gelegt, eine Durststrecke für die Augen: kahles Gelände, Karstgestein mit bleichen Disteln und verdorrten Grasbüscheln, um dann, gerade wenn die Spannung umzuschlagen droht in Ermattung, ein Felsentor zu öffnen, das den Blick freigibt auf eine der schönsten Szenerien der Welt, auf ein Gemälde, signiert vom ewigen Schöpfer selbst. Wir stürzen aus dem Wagen, wir schreien, wir krabbeln die Böschung hinauf und – werden still; selbst unserm Fahrer Theresites bleibt der Mund offenstehen. Wenn ich allein wäre, auf die Knie würde ich mich werfen.

Ich bin mir bewußt, daß keine Schilderung in Wort und Bild das Übermaß an Herrlichkeit vergegenwärtigen kann, das hier auf den Reisenden einstürzt. Ich versuche also lieber ganz nüchtern zu beschreiben, was er dort sieht.

Woran der Blick zunächst haftet und wohin er immer wieder zurückkehrt, das ist der steilaufragende Fels im Meer, der die antike Akropolis und die mittelalterliche Ritterfestung trägt, an seinem Fuß umsäumt vom weißen Kranz der schmucken Ortschaft. Das Land senkt sich als wuchtiger Bergrücken nieder bis auf die Höhe des Burgfelsens, steigt ein wenig an zu einer Platte, um dann jählings abzustürzen zu dem Sattel, worin sich die weißgekalkten Häuser von Lindos drängen, beiderseits, bis an die nördliche und die südliche Bucht, und erhebt sich dann nochmals zur Burg empor wie ein Triumphgesang des festen Landes und des Menschen über das grenzenlos wogende Meer. Links davon, gen Norden, öffnet sich das gewaltige Rund der Bucht von Faraklos bis fern an den Archangelos-Berg, vorne durchschnitten von einer Landzunge, dem »Kap Kleoboulos«, die den einzigartigen Naturhafen von Lindos umschließt. Sein klares Wasser zeigt, je nach Tiefe und Wellenbildung, eine schier unerschöpfliche Farbenskala von Lindgrün bis Purpurblau. Südlich der Akropolis dann, über Lindos hinweg, schweift der Blick nochmals über das unendliche Meer, bis hin zum Kap Myrtias und darüber hinaus.

Hier also landeten im 12. Jahrhundert vor Christus die Dorer vom Peloponnes, hier gründeten sie ihr erstes Gemeinwesen, 700 Jahre bevor die Männer aus Lindos, Kameiros und Jalysos zusammen die neue Hauptstadt der Insel, Rhodos, erbauten. Nach archaisch gesetzhafter Ordnung legten sie die Stadt an: von den beiden Hafenbuchten ansteigend die Werk- und Wohnstätten des Volkes, darüber am Fuß des Felsens die Bauten des öffentlichen Lebens, und ganz oben, zwischen Himmel und Fels, die Heiligtümer, an denen sie opferten und sich dem Schutz der Götter empfahlen. Viel mehr Einwohner als heute, rund tausend, wird die antike Stadt kaum gezählt haben, und doch drang mit ihren Schiffen ihr Ruhm und ihr Einfluß hinaus bis nach Zypern, Syrien, Ägypten und Tunis und an alle Gestade, wo Griechen wohnten. Hier hat Kleoboulos gelebt und gewirkt, ein Freund Solons und einer der sieben Weisen Griechenlands, gleichwohl der erste Alleinherrscher der Stadt – was waren das für Zeiten, in denen Philosophen Könige waren! Und wie den Griechen damals noch wichtiger als die Technik, in der sie wahrhaftig Großes leisteten, das Gestalten war, der sinnenhafte Ausdruck für den Geist, so war noch berühmter als die Schiffsbautechnik der Lindier ihr Kunsthandwerk: ihre Stickereien, ihre Keramik – beide noch heute nachlebend – und ihre Bildnerei in Plastik und Bronze. In der Werkstätte, die eines der »sieben Weltwunder«, den Koloß von Rhodos, hervorbrachte, entstanden sehr wahrscheinlich die Sonnenrosse des Helios, die heute die Galerie von San Marco in Venedig schmücken, und es gilt als ziemlich sicher, daß hier auch die berühmte Laokoon-Gruppe geschaffen wurde. Noch Kaiser Justinian holte sich, als er 533 die Hagia Sophia erbauen ließ, für das ungeheure Rund der Himmelskuppel die Ziegelsteine aus Lindos, die, nach streng geheimgehaltenem Verfahren hergestellt, bedeutend leichter waren als alle andern. Die Kunstfertigkeit der Lindier hat auch den Johannitern zur Seite gestanden, als sie die Akropolis zur zweitstärksten Festung der Insel ausbauten; ihre gewaltigen Rundmauern werden nur wenig von den antiken Säulenresten des Athenetempels überragt.

Unser Wagen bringt uns in steilen Kurven bis an den Eingang der Ortschaft – hier hat der moderne Verkehr seine Endmarke. Wir erfrischen uns an einem kühlen Trunk unter Laubengängen über zierlichem Kieselornament und treten dann den kurzbemessenen Gang durch die engen Gassen und hinauf zur Akropolis an. Die Häuser und Höfe blitzen von Sauberkeit – das fällt uns, die wir eben aus dem nahen Orient kommen, doppelt auf; überall eine besinnliche, fast feiertägliche Ruhe und Stille, und alles verklärt von dem wunderbaren Licht des Mittelmeeres, das selbst auf dem Kopfsteinpflaster die zartesten Spiele spielt. Die Stickerinnen an den Hauswänden und die wenigen Händler locken durch nichts als ein freundliches Lächeln und durch die feinen Muster ihrer Handfertigkeit in Spitzen und Keramik die Käufer an. Von den Mauern der ziegelgedeckten Marienkirche grüßen ernste Heiligengestalten. Dann steigt der Weg aufwärts zwischen herrlich blühendem Oleander und in der Sonne brennendem Felsgestein bis an die Nordseite der Burg, wo das Meer wieder sichtbar wird und eine kühne Treppe in das denkwürdige Miteinander antiker und mittelalterlicher Bauten hinaufführt. Unter der Burgmauer finden wir eine seltsame antike Plastik: hier hat man ein Segelschiff in den blaugrauen Felsen eingeschnitten, dauerndes Zeugnis für den Wagemut der ersten Griechen, die übers Meer nach Lindos kamen. Durch den düsteren Torturm und kühle, streng gewölbte Räume der Burgvogtei gelangen wir auf das freie, sonnenüberblendete Rund dreier ansteigender Felsterrassen, diese auf der Welt wohl einzigartige Weihestätte zwischen Himmel und Meer, zu dem der Felsen 200 m senkrecht abstürzt. Auf der höchsten und äußersten Felsplatte erbaute Kleoboulos im 6. Jahrhundert v. Chr. der alten Schutzgöttin Lindia einen Tempel aus Holz; dieser brannte um das Jahr 340 nieder, und mit dem Tempel wich auch die Göttin einer neuen, der großen Tochter des Zeus, die fortan als Athena Lindia hier im neuerrichteten Tempel aus Marmor verehrt wurde.

Wer hier oben, emporgetragen von äußerster menschlicher Kühnheit und doch niedergeworfen von den donnernden Stimmen der Unendlichkeit, den Atem des Ewigen nicht verspürt, der sollte sein Haupt verhüllen und hinwegschleichen in Trauer und Beschämung.

Was ist es, das
an die alten seligen Küsten
mich fesselt, daß ich mehr noch
sie liebe als mein Vaterland?
Denn wie in himmlische
Gefangenschaft verkauft
dort bin ich, wo Apollo ging
in Königsgestalt.
    Friedrich Hölderlin

Kap Sunion am Saronischen Meerbusen und die Akropolis von Lindos – wo auf der Welt gäbe es Stätten, die so wie diese geschaffen erscheinen für die Begegnung zwischen Gott und den Menschen! Wen hier nicht das heilige Schaudern, »der Menschheit bestes Teil«, anrührt, dessen Herz muß allen tieferen Regungen abgestorben sein. Es wäre kaum zu verstehen, wenn die Griechen, dieses für alles Hohe so aufgeschlossene Volk, hier nicht eine Weihestätte geschaffen hätten, an der sie über dem Abgrund der menschlichen Gefährdung das »Rettende« einer jenseitigen Macht verehrten. Daß diese ihnen hier wie anderswo in den verschiedenen und stetig sich wandelnden Gestalten der Naturkräfte erschien, entspricht den adventlichen Zügen der damaligen Weltstunde.

Blickt man über die Ringmauer hinab in südlicher Richtung, so öffnet sich unter dem Burgfelsen ein fast kreisrunder Krater, ein kleiner Naturhafen, an dessen Rand ein winziges Kirchlein steht. Es wurde erbaut zur Erinnerung an die Landung des hl. Paulus auf Rhodos bei der Rückkehr von seiner Dritten Missionsreise im Jahre 58, die nach der Überlieferung an dieser Stelle stattfand. Was mag der Apostel empfunden haben beim Anblick des in marmorner Pracht in den Himmel ragenden Tempels der Athena Lindia über ihm? Vielleicht war sein Herz noch so erschüttert durch den Abschied, den er tags zuvor von der Gemeinde von Milet genommen hatte, bei dem »alle in lautes Weinen ausbrachen, ihm um den Hals fielen und ihn küßten« (Apg 20, 37), vielleicht auch so bedrängt von der Stimme, die ihn nach Jerusalem trieb zu »Banden und Drangsalen«, daß er keinen Blick verschwendete auf die gleißende Pracht der heidnischen Kultstätte.

Vielleicht aber packte ihn hier dieselbe Ergriffenheit wie einst in Athen, »als er die Stadt voller Götzenbilder sah« (Apg 17, 16), und empfand er mit tiefem Schmerz, daß ihm keine Zeit vergönnt war, vor die Lindier hinzutreten wie damals vor die Athener: »Ich finde, daß ihr in jeder Hinsicht gottesfürchtige Menschen seid. Denn als ich herumging und eure Heiligtümer betrachtete, fand ich auch einen Altar mit der Inschrift: Einem unbekannten Gott. Was ihr verehrt, ohne es zu kennen, das künde ich euch: Gott, der die Welt und alles in ihr geschaffen hat, den Herrn des

Himmels und der Erde ...« Der Geist des Apostels war weit genug, die vielgestaltige Götterwelt der Griechen als ein »tastendes Suchen« nach dem einen Gott zu verstehen, »der ja nicht fern ist einem jeden von uns, da wir in ihm leben, uns bewegen und sind«; und die Lindier hätten ihn verstanden, wenn er auch ihnen gesagt hätte: »Wir sind von seinem Geschlecht«, zunächst allerdings auf ihre Weise: sie waren, so glaubten sie, Nachkommen des Sonnengottes Helios, dem die Berggipfel geweiht waren. So hat auch das »Gebirge des Elias« ursprünglich nichts mit dem Propheten zu tun, sondern dieser Name ist nur eine christliche Umdeutung des alten Heliosgebirges.

Die Einwohner des antiken Lindos waren stolz darauf, in dem heiligen Hain ihrer Akropolis der Göttin Athene das erste Opfer dargebracht zu haben, noch bevor dies in Athen geschah. Diejenigen, so hatte nach der Sage Helios seinen Söhnen verheißen, würden die besondere Gunst der Zeustochter erlangen, die ihr nach ihrer Geburt als erste opferten. Es gelang dies den Rhodiern, indem sie wegen der gebotenen Eile auf das Opferfeuer verzichteten – das feuerlose Opfer wurde auch in geschichtlicher Zeit hier oben beibehalten. Zeus belohnte den Eifer der Helios-Söhne durch einen Goldregen aus glänzender Wolke. Athene aber verlieh den Rhodiern die Gabe, alle Menschen in Kunst und Wissenschaft zu übertreffen – die Sage ist wohl eine Ausdeutung der Tatsache, daß diese kleine Insel im Verhältnis zur ganzen griechischen Welt mit großartigen Leistungen aufwarten konnte, technisch und geschäftlich, in Kunst und Wissenschaft.

Blickt man von der Akropolis nach Norden, so fällt einem auf der schmalen Landzunge im Vordergrund ein kleines Bauwerk auf, das Grabmal des Kleoboulos, das dem des Theoderich in Ravenna nicht unähnlich ist, wahrhaftig eine würdige Ruhestätte für einen Mann, der mit Solon die Reihe der Sieben Weisen Griechenlands eröffnete. Er soll u.a. als erster für eine bessere Erziehung der Mädchen eingetreten sein. Spricht vielleicht auch dies für eine besondere Einschätzung der Frau bei den Lindiern, wenn berichtet wird, daß der Mutter des Diagoras, der als Faustkämpfer in Olympia dreimal den Sieg errang, als erster Frau der Zutritt zu den Olympischen Spielen gestattet wurde?

Bedeutender als Kleoboulos war ein späterer Philosoph aus Lindos, der Stoiker Panaitios, der wesentlich dazu beitrug, daß griechische Bildung in den Kreisen der vornehmen Römer heimisch wurde. Er war ein Freund Scipios, des Zerstörers von Karthago, und begleitete ihn oft auf seinen Reisen und Feldzügen. Hier oben haben beide im Jahre 130 v. Chr. gesessen und im Blick über das ruhelos wogende Meer ihre Gedanken über Menschheit und Schicksal ausgetauscht. Hat der Philosoph den Staatsmann und Krieger, der über den rauchenden Trümmern von Karthago in Tränen ausgebrochen und seither von düsteren Ahnungen über das Ende Roms bedrängt war, mit seinem stoischen Gleichmut trösten können? Ein Jahr später weilte Scipio bei den Schatten, gefallen, vermutlich durch Mörderhand.

Wenn man sich solchen Erinnerungen überläßt, hier oben zwischen zerbrochenen und in Stücken wieder aufgerichteten Säulen, so fassen einen mitten in der Helle des Sommertages die Schauer der Vergänglichkeit. Und man braucht nur weiter hinauszuschauen, hinüber zur Burg Faraklos am nördlichen Bogen der gewaltigen Bucht, um an Dinge erinnert zu werden, die keineswegs zu dem Titel »Insel der Seligen« passen wollen. Sollen wir sie verschweigen? Wollen wir nicht lieber den selbstgezogenen Bannkreis des

rosenroten Traums verlassen und den Glanz dieses Inseltages stehenlassen als das, was er ist: Verheißung, nicht aber Erfüllung? Vom höchsten Punkt der Insel, vom Gipfel des Atabyros aus, soll man an klaren Tagen Patmos im Norden wahrnehmen können, und was der Seher von Patmos in ungeheuren Bildern schaute, das Drama der Weltgeschichte zwischen Licht und Finsternis: hier auf Rhodos spielten sich erregende Szenen dieses Kampfes ab.

Drüben also stehen die Trümmer der Burg Faraklos, die von den Johannitern[19)] an der Stelle errichtet wurde, wo sie im Jahre 1309 an Land gingen, um die Insel den Seeräubern zu entreißen und zum Bollwerk gegen den Halbmond auszubauen. Dort nahmen die opferreichen und glanzvollen zwei Jahrhunderte der Ordensgeschichte, die mit der Insel und der Stadt Rhodos untrennbar verbunden sind und den Rittern den Namen der Rhodiser einbrachten, ihren Anfang. Das tragische Ende trug sich 40 Kilometer weiter nördlich zu, am Neujahrstag des Jahres 1523, an dem die von Suleiman dem Prächtigen nach heroischem Widerstand überwundene Ritterschaft sich am Hafen von Rhodos nach Malta einschiffte, ein kläglicher Rest von Kranken und Verwundeten.

Dieser bedeutendste Ritterorden des Mittelalters hatte sich zur Zeit der Kreuzzüge im Hl. Land aus einem anfänglichen Herbergs- und Pflegeorden entwickelt. Seine Mitglieder gelobten außer den drei Hauptgelübden »obsequium pauperum et tuitionem fidei«: Dienst an den Armen und Verteidigung des Glaubens. Als eindrucksmächtige Zeugen dieser Zielsetzung stehen noch heute in Rhodos das »neue« Ordenshospital und die gewaltigen, dem Höchststand damaliger Festungskunst entsprechenden Ringmauern. Soviel Unheiliges auch immer von seiten der »hohen Politik« in den »Heiligen Krieg« gegen den Halbmond eingedrungen ist, der Orden des hl. Johannes diente und kämpfte aus gläubigem Idealismus; in den Entscheidungsschlachten stand er an der Spitze und erlitt er die blutigsten Verluste. Als 1291 Akko, die letzte Küstenstadt im Heiligen Land, nach furchtbarem Kampf den Christen verlorenging und damit dem Orden sein Sitz, suchte dieser zunächst auf Zypern eine neue Heim- und Wirkstätte, bis er dann 1306 den Genuesen Rhodos und den gesamten Dodekanes abkaufte. Die Besitznahme geschah, wie schon erwähnt, 1309 von der Bucht von Faraklos aus. In wenigen Jahrzehnten baute der Orden seine Inselfestung und durch seine modernen Schnellsegler seine Seemacht so stark aus, daß er zunächst für die Türken unangreifbar wurde. Unangreifbar letzten Endes wegen seiner hohen Moral und inneren Geschlossenheit: so reich und mächtig der souveräne Orden wurde, die Ritter selbst blieben arm und leisteten ihren Dienst in Demut und strengem Gehorsam.

In diese Zeit, in das Jahr 1342, fällt der von Schiller besungene »Kampf mit dem Drachen«, der uns in der Schule mit heißer Begeisterung erfüllte, eine Generation, die noch an Heldentum zu glauben vermochte. Was Schiller in seinem dramatischen Fragment »Die Malteser« (so hießen die Johanniter nach ihrer Übersiedlung nach Malta) als innersten Kraftkern des Ordens in breiter Entfaltung herausstellt und preist: den zu allen Opfern fähigen Gehorsam, das spricht in seinem Gedicht der Ordensmeister in knappster Form aus. Dem jungen Ritter, der nach ausgetüfteltem Plan und langer Vorbereitung den Drachen erlegt hat und vom Volk begeistert umjubelt wird, verweist er in aller Strenge seinen Ungehorsam:

Ein Gott bist du dem Volke geworden –
ein Feind kommst du zurück dem Orden.
Denn wo der Herr in seiner Größe

gewandelt in des Knechtes Blöße,
da stifteten, auf heiligem Grund,
die Väter dieses Ordens Bund,
der Pflichten schwerste zu erfüllen:
zu bändigen den eignen Willen.
Dich hat der eitle Ruhm bewegt –
drum wende dich aus meinen Blicken!
Denn wer des Herren Joch nicht trägt,
darf sich mit seinem Kreuz nicht schmücken.

Da aber der Jüngling trotz der tobenden Menge, trotz der Einsprache der Mitbrüder, sich dem Spruch des Meisters demütig beugt und das Ordensgewand ablegt, ruft ihn dieser zurück und spricht:

Umarme mich, mein Sohn!
Dir ist der härtre Kampf gelungen.
Nimm dieses Kreuz: es ist der Lohn
der Demut, die sich selbst bezwungen.

»Das Witzige an der Geschichte ist«, so schreibt Peter Bamm[20)], »daß sie sich ereignet hat. Im Jahre 1342 hat der Chevalier Diudonné de Gozon unter dem Großmeister Hélien de Villeneuve tatsächlich einen Drachen erlegt. Die Überlieferung dieser Heldentat hatte sich bis ins 19. Jahrhundert erhalten. Noch 1837 hing der Kopf des Drachen an der Porte d'Amboise in Rhodos, und noch 1875 beschreibt ein Reisender ein altes Fresko in der Rue des Chevaliers, auf dem der Kampf dargestellt war. Man muß nicht unbedingt annehmen, daß der Drache ein aus dem Tertiär übriggebliebener Dinosaurier, eine Art oberbayrischer Tatzelwurm in der Ägäis, gewesen sei ... Es wird ein Krokodil gewesen sein, das irgendwann einmal ein Seemann Kuddeldaddeldos als junges Tier seiner Braut vom Nil nach Trianda mitgebracht hatte ... Der Chevalier de Gozon, der tapfere Drachentöter, wurde Großmeister des Ordens.«

Es muß uns erschüttern, daß Untreue und Verrat auch vor den »unüberwindlichen Mauern« von Rhodos, vor der eisernen Geschlossenheit des Johanniterordens nicht haltgemacht haben. In die Verteidigung der Stadt teilten sich die sieben verschiedenen Nationen oder »Zungen« des Ordens; jede Landsmannschaft – das heutige Frankreich war in drei Gruppen vertreten, außerdem Deutsche, Engländer, Italiener, Spanier – hatte einen besonderen Abschnitt zu schützen. Das Ordensbanner mit dem achtzackigen Kreuz war die erste europäische Fahne.

Der erste Großangriff der Türken erfolgte im Jahre 1480 nach zweimonatiger Belagerung. Die Janitscharen waren bereits in eine Mauerbresche eingedrungen, da warf sich ihnen der Großmeister Pierre d'Aubusson selbst entgegen, das Banner Christi in der Hand, und schlug die Eingedrungenen zurück, ja, mit seiner todesmutigen Schar drang er bis zum Zelt des türkischen Feldherrn vor und eroberte dessen Standarte. Daraufhin brachen die Türken die Belagerung ab.

Als aber im Jahre 1521 Suleiman der Prächtige dem Orden die Einnahme von Belgrad bekanntgab, da wurde es den Ordensrittern klar, daß nun die Entscheidungsstunde für das äußerste Bollwerk der Christenheit im Osten geschlagen hatte. Den Hilferufen des Ordens an alle Ordensprovinzen der Heimat kamen nur wenige nach, und so standen dem ungeheuren Heer von 150 000 Mann, das Suleiman 1522 gegen die Stadt zusammenbrachte, nur 7000 Verteidiger entgegen, deren Kern 600 Ritter und Laienbrüder bildeten; die übrigen waren Kreter und Inselgriechen, die nicht nur um die Stadt, sondern um ihr Leben kämpften. Bei dem hohen Stand ihrer Belagerungstechnik gelang es den Türken, immer wieder Breschen in die Mauern zu schlagen, aber noch einmal bewährte sich der Todesmut der Verteidiger von Rhodos in unerhörten Tagen der Tapferkeit. 80 000 Türken aus 20 Stürmen sollen auf den Friedhöfen rund um die Stadt begraben sein. Suleiman aber kannte die zunehmend verzweifelte Lage der Stadt zu gut, um sein Ziel aufzugeben. Als die Ritter schließlich entdecken mußten, daß einer aus ihren Reihen mit dem Sultan in Verhandlung stand und ihm heimlich das Arsenaltor öffnen wollte, mag das ihrer Kampfmoral den letzten Stoß gegeben haben, und der Großmeister Villiers de l'Isle Adam bot die Kapitulation der Stadt an unter der Bedingung des freien Abzugs der Angehörigen des lateinischen Ritus. Die Bedingung wurde gewährt. Am Weihnachtstag 1522 zogen die Türken in die Stadt, am Neujahrstag 1523 schifften sich die Ordensbrüder nach Malta ein. Den Griechen aber bereiteten die Janitscharen ein furchtbares Schicksal – die Überlebenden mußten die Stadt verlassen und sich an anderen Stellen der Insel ansiedeln.

Der Orden erlebte auf Malta eine neue heroische Blütezeit, und inzwischen war Spanien so erstarkt, daß der Westen die Verteidigung gegen die Muselmanen erfolgreich fortsetzen konnte: nach der Abwehr der Türken vor Malta (1565) gelang 1571 unter Juan d'Austria der große Schlag gegen ihre Flotte vor Lepanto, wobei der Orden maßgeblich beteiligt war, und damit war die Seemacht der Türken gebrochen.

Rhodos aber versank in einen vielhundertjährigen Schlaf, aus dem es erst durch die Italiener (1922) und schließlich durch die Wiedervereinigung mit dem griechischen Mutterland (1947) erweckt wurde. Und wer heute als schönheitssuchender Gast durch seine gesegneten Gefilde streift, durch seine schmucken Dörfer und um die ragenden Überreste einer großen und kampfdurchtobten Zeit, der sollte nicht vergessen, welche gewaltige Last menschlicher Schicksale unter dieser herrlichen Sonne des Mittelmeeres getragen wurde, von manchem bis zum äußeren und inneren Zerbrechen, von vielen aber auch zu dem »Sieg, der die Welt überwindet«.

Wir verlassen die ragende Felsenhöhe zwischen Himmel und Meer und begeben uns auf die Rückfahrt nach Rhodos, wo unser Schiff auf uns wartet. Wir erleben unter sinkender Sonne und nun schon mit den Gefühlen des Abschieds noch einmal die überquellende Schönheit der Landschaft und die zufriedene Herzlichkeit ihrer Bewohner. Freundlich grüßen sie, wo sie mit dem uralten Werkzeug, der Sichel, das Korn schneiden, lachend winken sie uns zu, wenn sie auf Eseln und Karren die Straße überqueren. Kein Zweifel, sie sind arm, aber was uns von der Zivilisation Verwöhnten verlorengegangen ist, das haben sie sich bewahrt, ein Herz, dem auch aus bescheidener Quelle die Freude rinnt. Wir haben zu unterscheiden gelernt zwischen Lächeln und Lächeln: das, dem wir hier begegnen, ist nicht vorsätzlich und aufgeklebt, sondern Widerschein einer innerlichen Sonne.

Als letzte besteigen wir, leicht verspätet, das letzte Fährboot zur »Achilleus«. Das Meer glüht im tiefsten Purpur, der Mühlendamm mit dem Fort St. Nikolaus und die Fischerboote davor brennen wie Fackeln des Helios, der seinen Siegeslauf in voller Kraft eben über dem alten Tempelberg vollendet.

Lebe wohl, Insel der Rosen, Insel der Sonne, Insel der Seligen! Insel, wenn nicht der Erfüllung, so doch der Verheißung – aus dem Füllhorn der unendlichen Schönheit und Güte!

Im Angesicht des Todes
Pater Hermes' letzte Zeilen

Auf dem Schreibtisch von Pater Hermes fand sich der Entwurf eines letzten Beitrags für den »Fels«. Er endet so:

Aber nun Schluß! Schluß auch mit der Betreuung des »Fels«. Ich lasse los. Ich muß loslassen. Auch darin zeigt sich der Wille, die Liebe des Vaters im Himmel. Was bleibt, ist ein großer, alles überstrahlender Dank – an Ihn vor allem und über alles. Dank dafür zuerst, daß Er mich auf den Weg wies und mich so einiges Wenige tun ließ gemäß der Idee unseres Gründers Vinzenz Pallotti: Vertiefung, Verteidigung und Verbreitung des Glaubens und der Liebe, also Grundlegendes für den Aufbau des Reiches Christi. Dank aus übervollem Herzen auch allen Getreuen, die dem »Fels« so oder so geholfen haben, auch durch das ausnehmend große und sehr dankbare Echo. Meinen besonderen und uneingeschränkten Dank auch für die Krankheit, die Er mir geschickt hat. Ohne solche energische Nachhilfe vom Vater, der den Rebzweig reinigen muß, kommen wir einfach nicht los von uns selber; so aber hoffe ich ganz zuversichtlich und sicher, daß der Herr, wenn er kommt, seinen Knecht wachend findet, den »Sohn seiner Magd«, und daß Er mit Eurer kräftigen Nachhilfe etwas Ordentliches aus mir zustandebringt. So darf ich mit einer Bitte schließen, die zwar in romantischem Gewande vor Euch tritt, in den Versen aus Webers »Dreizehnlinden«[21], die aber ganz ernst genommen werden möchten:

»Rührend bat der fromme Schreiber an des langen Werkes Ende,
daß man seiner armen Seele des Gebets Almosen spende.«

Adieu, Gott befohlen! Und auf Wiedersehen an seinem Thron!
Ihr in Jesus und Maria ganz ergebener

P. Gerhard Hermes SAC

Der Rufer

Pro memoria P. Gerhard Hermes SAC (1909-1988)

Von Prof. Dr. Heinrich M. Köster SAC

Sein Lebensweg stand in mehr als einer Hinsicht unter einem glücklichen Stern. Er stammte aus der Familie eines Handwerkers und Eifelbauern, geboren als das dritte von elf Kindern, von denen vier den geistlichen Stand wählten; aufgewachsen in einem einfachen Leben mit religiöser Atmosphäre; gefordert und gefördert von reicher familiärer und dörflicher Gemeinschaft; umgeben von der freien Natur und ihren Anregungen.

So aufbereitet, kam er 1922, schon mit dreizehn Jahren, nach Vallendar/Schönstatt. Er wurde der pallottinischen Familie eingepfropft wie ein fremdes Reis einem schon hochgewachsenen Baum. Die Einpflanzung gelang; die Mentalität, auf die er traf, die Vitalität, die er mitbrachte, gingen eine tiefe Verbindung ein.

Seine religiösen und charakterlichen Anlagen fanden reiche Nahrung. Seine geistigen Kräfte nahmen, vor allem durch den Deutschunterricht bei Pater Alois Kaufmann und die von diesem verwaltete Bibliothek, eine sprunghafte Entwicklung. Wie ein trockener Schwamm in einem Meer sog er sich voll. Er schrieb schon in der Obertertia »ganz nette Gedichte« (wie der Deutschlehrer ihm bestätigte). Nach einer fieberhaften Arbeit von drei Wochen überraschte er diesen sogar mit einem Drama aus der germanischen Völkerwanderung: »Alboin und Rosamunde«.

Welche Empfindungen im Aufwind dieser ersten Erfolge und in den für die Reifejahre typischen Tagträumen ihn erfüllten, verrät ein Gedicht dieser Zeit, veröffentlicht 1928 in der pallottinischen Monatsschrift »Katholische Welt«, als er neunzehn Jahre alt war; es kann aber gut früher geschrieben worden sein.

Sehnen

Und wieder klopft es
und pocht es und ruft es
in meiner Brust geheimnisvoll,
ein stürmisches Sehnen
nach schimmernder Ferne.
Weiß nicht, wohin
mein Herze mich zieht.
Wenn still der Abend herniedersinkt,
dann pocht es leise, das ferne Sehnen;
wenn Sturmesbrausen
die Welt durchzieht,
dann klopft es stürmisch,
dann will es mit.
Wohin? – Wohin?

Seine erwachende Kraft entfaltete sich in vielfache Richtung. Zunächst in die literarische. Er schrieb im Laufe der Jahre, die erwähnten privaten Schulstücke vor dem Abitur nicht gerechnet, sieben Mysterienspiele. Dazu schrieb er zahlreiche lyrische und hymnische Gedichte, auch solche, die vertont wurden und – gelesen, meditiert, gesungen – unsere Spiritualität den Herzen einprägte.

In den höheren Studien trat auch eine starke philosophische und theologische Begabung hervor, die er nach dem eigenen gesellschaftseigenen Studium aushilfsweise zu Vorlesungen an unserer Philosphisch-Theologischen Hochschule einsetzen und dann bei Heinrich Lützeler und Siegfried Behn in Bonn, bei dem Kunsthistoriker Wilhelm Pinder, dem Philosophen Nicolai Hartmann, dem Geisteswissenschaftler Eduard Spranger und bei Romano Guardini in Berlin weiter entfalten konnte. Daß er sich auf der Volksschule im Zeichnen hervorgetan und daß er später, besonders als Sanitäter und Kriegsgefangener in Rußland (1940–1949), es darin zur Meisterschaft gebracht hat, vor allem im Porträtieren, sei nur gestreift.

Wo sollte dieser so vielseitig begabte Theologe einmal sein Feld finden? Auf einem Katheder als Studienrat oder Hochschullehrer? Auf einer Kanzel als Prediger? Auf einer Bühne als Dichter oder Schauspieler? Auf keinem dieser Berufsfelder hatte Gott ihm eine endgültige Aufgabe zugedacht, er hat ihn als Schriftsteller am Schreibtisch gewollt.

Der Krieg war das Werkzeug, diese Wende herbeizuführen. Mit grausamer Schere fuhr er in dies bisher hauptsächlich der Ausbildung gewidmete Leben, schnitt neun Jahre Heeresdienst und russische Gefangenschaft heraus (1940–1949) und verhinderte den ordnungsgemäßen Abschluß der Studien. Nach einem kleinen Zwischenakt als Dozent für Ethik und Kirchliche Kunst an der Theologischen Hochschule in Vallendar (1950–1952) fand er, 43jährig, endlich seine Bestimmung, durch 34 Jahre, bis zum Versiegen seiner Kraft, Redakteur von Zeitschriften zu sein. Achtzehn Jahre (1951–1968) betreute er, mit Sitz in Limburg, die Zeitschrift »Der Rosenkranz« (1966 umbenannt in »Das Zeichen«); sechzehn Jahre (1970–1986) redigierte er, mit Sitz in Regensburg, die von ihm mit Erlaubnis seines Obern und Zustimmung seines Bischofs gegründete Zeitschrift »Der Fels«. In beiden wurde er, was über diesen Zeilen steht: Der Rufer. »Der Rosenkranz« (»Das

Zeichen«) rief in der Euphorie der Nachkriegsjahre auf zu »marianisch-apostolischer Lebensgestaltung«. »Der Fels« mahnte in einer Zeit ungestümer Veränderungsbestrebungen in der Kirche nach dem Konzil, eingedenk zu bleiben, daß ewige Wahrheiten nicht dem Fluß der Zeit unterliegen, und daß der Baugrund der Kirche »Fels« sein sollte (Mt 16,18; vgl. Mt 7,25 und Lk 6,48).

»Der Fels« ist zu bewerten nach dem übergreifenden Ziel, die Kirche bei der Anpassung an veränderte Verhältnisse in Glaube und Leben auf dem Fundament der Apostel zu halten. Ihn nur nach den Punkten zu beurteilen, welche Kontroversen auslösten, wäre ein zu schmaler Maßstab. Daß zu Besorgnis im ganzen durchaus Anlaß war (und noch ist), belegt doch wohl die Tatsache, daß noch andere Männer und solche von anerkannt wissenschaftlichem und sogar kirchlichem Rang seine Sorge teilten. So Dietrich von Hildebrand (Das Trojanische Pferd in der Stadt Gottes, 1968; Der verwüstete Weinberg, 1973), Jacques Maritain (Der Bauer von der Garonne. Ein alter Laie macht sich Gedanken, 1969) und Kardinal Josef Siri (Gethsemani, 1980). P. Hermes selbst beruft sich auch auf Reinhold Schneider und Romano Guardini. In der geistigen Gemeinschaft dieser Männer wollte P. Hermes Mitstreiter sein. Eine gesunde Entwicklung wird auch in dieser Phase der Geschichte vom Widerstreit verschiedener Strömungen profitieren, unter denen auch eine Gestalt wie P. Hermes eine gottgewollte Sendung hat. Jedenfalls spricht für ihn, daß der Patriarch von Venedig, Albino Luciani, der nachmalige Papst Johannes Paul I., durch sieben Jahre interessierter Leser und Abonnent seiner Zeitschrift war und es bis zu seinem Tode blieb, und daß »Der Fels« auch heute noch, in einer von Zeitschriften übersäten Landschaft, eine Gemeinde mit fünfstelliger Zahl hat.

Der Sorge von P. Hermes für die Kirche entsprach seine Verehrung für die »Mutter der Kirche«. Ein beträchtlicher Teil seiner Dichtung und Schriftstellerei galt ihr. Er war auch von der Welle der neuen Marienbotschaften berührt, die auch eine ernst zu nehmende Theologie als apokalyptisch-prophetisches Element der Kirche werten kann. Er widmete Erscheinungen dieser Art den Bildband »Fatima« (zusammen mit P. Erwin Helmle, 1952) und die Broschüre »Die Tränen der Rosa Mystica« (^{1}1984, ^{4}1986, 51. bis 60. Tausend). Ein Echo davon verrät noch der Titel seiner zwölfteiligen Sammlung von Mariengedichten »Das Marienjahr: Maria Rosa Mystica« (1987).

Anderen Themen religiöser Wegweisung galten ganze Serien seiner im »Rosenkranz« oder »Fels« erschienenen Jahresleitartikel, die er manchmal hinterher als Buch herausbrachte. So den Zyklus über die Hoffnung (»Himmlische Rechenkunst«, 1961) und über die »Herrlichkeit der Gnade«, 1984.

Die Linie, die P. Hermes vertrat, verstrickte ihn in Spannungen. Er nahm die Gegnerschaft sehr bewußt auf sich. Er war, in einem ehrenvollen Sinn dieses Wortes, ein Intellektueller. Doch angekränkelt von der Blässe des Gedankens oder unfähig zu klaren und folgenschweren Entscheidungen war er nicht. Wie er die Dinge sah, ist ihm dies als Tapferkeit auszulegen. Dies Stehvermögen, diese moralische und intellektuelle Kraft, Gegenwind und – bei seinem Sinn für Freundschaft doppelt schmerzlich – auch Einsamkeit auszuhalten, hat er proben können: in russischer Kriegsgefangenschaft. Begabt wie er war, hat er zwar Russisch sprechen und schreiben gelernt; aber, anders als andere: anfällig für die Sirenenklänge der bolschewistischen Mentalität war er nicht. Im Gegenteil: er verfaßte eine systemkritische Dichtung: das Bühnenstück »Die schwarze Spinne«. Was machte es ihm schon aus, daß man ihm das Manuskript bei der Entlassung aus dem Lager abnahm; er wußte die 3500 Verse auswendig und diktierte sie neu.

Ein bequemer Mitbruder war er längst nicht immer. Was aber den pallottinischen Auftrag angeht, den Glauben, wie er ihn verstand, zu verbreiten, zu vertiefen und zu verteidigen, war niemand eifriger. Hat er nun diesen Glauben bewahrt, möge ihm auch die verheißene Krone werden.

Was Pater Hermes seiner Gesellschaft bedeutet, wissen nicht die Jüngeren – sie kennen ihn nur als einen, der außerhalb arbeitete –, sondern die Älteren, deren Mund und Sprecher er zwischen den beiden Kriegen war; in seiner Pallotti-Hymne 1935 und vielen Gedichten, in seinen Geistlichen Spielen »Das Königskind« (1931), »Ver Sacrum« (1934), »Ave Imperatrix« (1938). Diesen Älteren abgelauscht sind die Zeilen, mit denen wir schließen:

Was uns bewegte an Ideen,
dem hast du Stimme und Gestalt verliehn;
die Ohren konnten hören, unsre Augen sehen
Gedanken, Werte, die den Sinnen sich entziehn.
Was nur als Funke in uns glimmte,
hast du zur Flamme angefacht,
die uns beschwingte, unsern Weg bestimmte
wie eine Feuersäule in der Nacht.
Du hast dein Lied nun ausgesungen
und deine Stimme ist verhallt.
Doch uns, den Zeugen deiner jungen
Gedichte, Spiele, bleiben – die Erinnerungen
mit ihrer drängenden, erweckenden Gewalt.
Den Späteren bist du schon Sage,
ein Fremder, dunkel, wenn er spricht.
Doch uns, Gefährten deiner frühen Tage,
uns lebst du noch, uns bist du Licht.

Heinrich M. Köster SAC

Anmerkungen

1) Brennender Dornbusch
2) Bauernschlitten; Panje ist der slawische Ausdruck für Bauer.
3) Panzerabwehr-Kanone
4) Die Erbarmungen des Herrn will ich ewig besingen.
5) Name geändert
6) Russischer Ostergruß: Christ ist erstanden! (Wir geben hier die russischen Wörter möglichst nach der Aussprache wieder.)
7) Väterchen, russische Anrede für Geistliche.
8) Chef.
9) Politische Geheimpolizei.
10) Ja, Er ist wahrhaftig auferstanden.
11) Verzeihen Sie, Väterchen, verzeihen Sie!
12) Schneifel (Schnee-Eifel), westlicher, klimarauher Teil der Eifel.
13) Banja = Badstube
14) Vgl. Eberhard Mossmaier, Brückenbauer zwischen Ost und West, Seite 165: Politruk ist eine russische Abkürzung der Worte: politiceskij rukovoditel, d.h. politischer Führer. Als solche werden in der Roten Armee Personen im Offiziersrang bezeichnet, die politische und propagandistische Schulungsaufgaben haben.
15) Bischof Bernhard Huhn ist als Nachfolger von Bischof Schaffran seit 1971 Apostolischer Administrator von Görlitz an der Neiße in der DDR. Görlitz ist mit seinen 80.000 Einwohnern heute noch ein Symbol der vom Krieg herrührenden Zerrissenheit: 2/3 der Stadt ist deutsch, 1/3 polnisch.
16) Fufaika = Strickjacke
17) Das lateinische Wort mulus (Maulesel) wurde scherzhaft für Abiturienten gebraucht, die vor dem Studium standen.
18) Vgl. Benedikt Stolz OSB/Franz Weiss, Patmos, die heilige Insel der Christenheit, Christiana-Verlag Stein am Rhein.
19) Vgl. Ballestrem, Der Johanniterorden, Wienand-Verlag Köln.
20) Peter Bamm, An den Küsten des Lichts, S. 338, Kösel-Verlag, München-Kempten.
21) Weber, Friedrich Wilhelm, Dreizehnlinden, Schöningh-Verlag, Paderborn.

MAX THÜRKAUF

Das Fanal von Tschernobal
Auflage: 10 000, 191 Seiten, 11 Fotos, DM 17,–, Fr. 14,–.
Das vorliegende Buch bietet in Form von autobiographischen Erzählungen Einblick in dieses Forscherleben. Wir begleiten den jungen Chemiker auf seinen Reisen nach Italien, Ägypten und Spanien, wir hören ihn philosophieren und meditieren, wir erfahren wie er in der Basler Chemie zum Insider wird, erleben hautnah sein »Spiel mit dem Feuer« (»He Sie, Sie brennen ja!«) und werden Zeugen seiner inneren Wandlung, seiner Abkehr von geistlosen Materialismus und Darwinismus. Thürkauf bekennt, daß er um das Ausmaß dieser Dummheit wisse, weil er selbst einmal so dumm gewesen sei.

FRANZ MARIA EICH

Auf verlorenem Posten?
Auflage: 10 000, 215 Seiten, 16 Fotos, DM 15,–, Fr. 13,50.
In diesem Buch berichtet Franz Maria Eich von seinen Erlebnissen als deutscher Marinepfarrer im Zweiten Weltkrieg. Es sind Erlebnisse, die das Inferno eines Krieges von apokalyptischem Ausmaß aufleuchten lassen.

EBERHARD MOSSMAIER

Brückenbauer zwischen Ost und West
174 Seiten, 45 Fotos, farb. Umschlag, DM 17,–, Fr. 14,–
Die Grenze zwischen West und Ost war sehr oft eine Todeslinie, die Völker des Grenzlandes, vor allem die Polen, aber auch die anderen Grenzvölker sind von den Machtblöcken mehr als einmal aufgerieben worden. Immer wieder haben sich einzelne Menschen bemüht, zwischen diesen feindlichen Welten Brücken zu bauen.